全国“八五”普法
普法知识题集系列 12

退役军人

TUIYI JUNREN

普法知识题集

PUFA ZHISHI TIJI

中国法制出版社
CHINA LEGAL PUBLISHING HOUSE

图书在版编目（CIP）数据

退役军人普法知识题集/中国法制出版社编. —北京：中国法制出版社，2021. 11
（普法知识题集系列）
ISBN 978-7-5216-2249-2

Ⅰ. ①退… Ⅱ. ①中… Ⅲ. ①退役-军人-社会保障法-中国-习题集 Ⅳ. ①D922. 504

中国版本图书馆 CIP 数据核字（2021）第 214251 号

策划统筹 胡斌 唐鹍
责任编辑 黄丹丹　　封面设计 李宁

退役军人普法知识题集
TUIYI JUNREN PUFA ZHISHI TIJI

编/中国法制出版社
经销/新华书店
印刷/三河市国英印务有限公司
开本/880 毫米×1230 毫米 32 开　　印张/4.5 字数/116 千
版次/2021 年 11 月第 1 版　　2021 年 11 月第 1 次印刷

中国法制出版社出版
书号 ISBN 978-7-5216-2249-2　　定价：19.00 元

北京市西城区西便门西里甲 16 号西便门办公区
邮政编码：100053　　传真：010-63141852
网址：http：//www.zgfzs.com　　**编辑部电话：010-63141814**
市场营销部电话：010-63141612　　**印务部电话：010-63141606**

编辑说明

当前，我国已开启全面建设社会主义现代化国家新征程，进入新发展阶段。通过开展“八五”普法，使公民法治素养和社会治理法治化水平显著提升，形成全社会尊法学法守法用法的良好氛围。多层次多领域依法治理深入推进，全社会办事依法、遇事找法、解决问题用法、化解矛盾靠法的法治环境显著改善。

提升公民法治素养是全民普法的主要目标，也是全面依法治国的迫切要求，要突出重点对象，分层分类指导。实行公民终身法治教育制度，把法治教育纳入干部教育体系、国民教育体系、社会教育体系，不断提升全体公民法治意识和法治素养。坚持学用结合、普治并举。注重在立法、执法、司法和法律服务过程中开展实时普法，把普法深度融入立法、执法、司法和法律服务全过程，把普法融入法治实践、基层治理和日常生活。

为配合“八五”普法工作需要，我们组织编写了“普法知识题集系列丛书”。定位普法，覆盖公民、国家工作人员、领导干部、青少年、企业人员等，题型丰富、解析精准、难度适中，从试题角度为普法工作学习提供检验测试工具。丛书具有以下特点：

一、题型丰富。题型涵盖判断题、单选题、多选题、填空题、简答题，完备系统。

二、解析精准。习题均附有参考答案，解析有法律条文做依据，精准可靠。部分判断题、填空题的解析出于节省篇幅考虑，只列出答案和条文序号。

三、难度适中。习题设置避免难题、偏题、怪题，以突出应知应会和重点条文为出发点设置。

本丛书既适合机关、团体、学校、企业、事业单位等组织相关培训配套使用，也适合有学习需求的广大读者阅读。希望本丛书的出版能够有助于引导广大读者养成自觉守法的意识，形成遇事找法的习惯，培养解决问题靠法的意识和能力。为建设信仰法治、公平正义、保障权利、守法诚信、充满活力、和谐有序的社会主义法治社会贡献一份力量。

由于时间和水平有限，不足之处在所难免，敬请广大读者批评指正。

中国法制出版社

2021年6月

目录

一、宪法

（一）判断题

1. 国家和社会保障残废军人的生活，抚恤烈士家属，优待军人家属。（　　）
2. 全国人民代表大会行使规定军人和外交人员的衔级制度和其他专门衔级制度的职权。（　　）
3. 在我国，公民享有不受任何限制的通信自由和通信秘密。（　　）
4. 公民通过言论自由表达的内容受法律的保护，不受非法干预，所以公民享有的言论自由是绝对的。（　　）
5. 任何公民非经人民检察院批准或决定，或者非经人民法院决定，并由公安机关执行，不受逮捕。（　　）
6. 法律面前人人平等，因此对人大代表的逮捕程序和普通公民适用的程序相同。（　　）
7. 任何国家机关、社会团体和个人不得强制公民信仰或不信仰宗教，不得歧视信仰和不信仰宗教的公民。（　　）
8. 华侨是居住在外国的中国公民，国家保护华侨的正当的权利和利益。（　　）
9. 劳动是一切有劳动能力公民的光荣职责，因此，每个有劳动能力的公民每年必须从事一定时间的义务劳动。（　　）
10. 中华人民共和国公民有言论、出版、集会、结社、游行、示威的自由。（　　）
11. 公民在特定情况下获得物质帮助权的具体表现除了老年人的物质帮助权，还包括患疾病公民的物质帮助权以及丧失劳动能力公民的物质帮助权。（　　）
12. 因国家安全或者追查刑事犯罪的需要，公安机关、检察机关可以依法对公民的通信进行检查。（　　）

13. 我国公民的人身自由不受侵犯，通信自由和通信秘密受法律保护。(　　)

14. 任何单位或者个人都不得搜查、查封公民的住宅。(　　)

15. 受教育权既是公民的权利，也是公民的义务。(　　)

（二）单选题

1. 任何公民，非经(　　)批准或者决定或者(　　)决定，并由(　　)执行，不受逮捕。

   A. 人民检察院；人民法院；公安机关

   B. 人民法院；人民检察院；公安机关

   C. 人民法院；公安机关；人民检察院

   D. 公安机关；人民检察院；人民法院

2. 除因国家安全或者追查刑事犯罪的需要，由公安机关或者(　　)依照法律规定的程序对通信进行检查外，任何组织或者个人不得以任何理由侵犯公民的通信自由和通信秘密。

   A. 监察机关　　B. 司法机关

   C. 检察机关　　D. 其他执法机关

3.《宪法》规定，父母有抚养教育未成年子女的义务，(　　)。

   A. 子女有赡养扶助父母的义务

   B. 成年子女有赡养扶助年老父母的义务

   C. 子女有赡养扶助丧失劳动能力的父母的义务

   D. 成年子女有赡养扶助父母的义务

4. 我国公民有受教育的(　　)。

   A. 权利　　B. 义务

   C. 权力　　D. 权利和义务

5.《宪法》规定，我国享有选举权和被选举权的人是(　　)。

   A. 全体公民

   B. 全体人民

   C. 18 周岁以上的公民

   D. 年满 18 周岁且依法未被剥夺政治权利的公民

6. 中华人民共和国公民在(　　)的情况下，有从国家和社会获得物质帮助的权利。

A. 自然灾害

B. 受到犯罪

C. 年老、疾病或者丧失劳动能力

D. 未成年

7. 依法服兵役和参加民兵组织是我国公民的(　　)。

A. 神圣权利　　B. 光荣义务

C. 权利和义务　　D. 神圣职责

8. 关于公民权利，下列选项正确的是(　　)。

A. 劳动、受教育和依法服兵役既是公民的基本权利，又是公民的基本义务

B. 受教育权只是一部分公民的权利

C. 公民仅在年老、疾病的情况下，才能从国家和社会获得物质帮助

D. 国家尊重和保障人权

9. 根据我国《宪法》的规定，下列说法正确的是(　　)。

A. 我国公民在不想劳动时有从国家获得物质帮助的权利

B. 我国公民被剥夺政治权利的，其出版自由也被剥夺

C. 我国公民有信仰宗教与公开传教的自由

D. 我国公民私有财产不受侵犯

10. 人格尊严的基本内容主要有(　　)。

A. 公民的名誉权和隐私权

B. 公民的肖像权

C. 公民的姓名权

D. 公民的荣誉权

11.《宪法》不允许任何公民只享有权利而不履行义务的现象存在，也不允许任何公民只履行义务而不享有权利的现象发生，这体现了(　　)

A. 公民权利和义务平等性

B. 公民权利和义务广泛性

C. 公民权利和义务的现实性

D. 公民权利和义务的一致性

12. 规定国家制度和社会制度的基本原则，集中表现各种政治力量对比关系，保障公民基本权利和义务的国家根本法是(　　)

A. 宪法　　B. 民法

C. 刑法　　D. 行政法

13.《宪法》规定，中华人民共和国(　　)有休息的权利。

A. 劳动者　　B. 公民

C. 职工　　D. 工人

14. 我国采取的出生国籍标准为(　　)。

A. 出生地主义原则

B. 血统主义原则

C. 以血统主义为主、出生地主义为辅的混合主义原则

D. 以出生地主义为主、血统主义为辅的混合主义原则

15. 集会、游行、示威的主管机关是集会、游行、示威地的(　　)。

A. 市、县公安局、城市公安分局

B. 市、县司法局

C. 市、县人民政府

D. 市、县党委

(三) 多选题

1. 我国《宪法》规定，公民在行使自由和权利的时候，不得损害(　　)。

A. 国家的利益

B. 集体的利益

C. 社会的利益

D. 其他公民的合法自由和权利

2. 中华人民共和国公民对于任何国家机关和国家工作人员的违法失职行为，有向有关国家机关提出(　　)的权利。

A. 申诉　　B. 上诉

C. 控告　　D. 检举

3. 我国公民享有(　　)的权利和义务。

A. 劳动　　B. 受教育

C. 监督　　D. 选举

4.《宪法》规定，退休人员的生活受(　　)的保障。

A. 国家机关　　B. 社会

C. 国家　　D. 原单位

5. 下列选项中，属于我国公民的基本义务的有(　　)。

A. 保卫祖国、抵抗侵略

B. 维护国家统一和全国各民族的团结

C. 维护祖国的安全、荣誉和利益

D. 依照法律纳税

6. 中华人民共和国公民的人格尊严不受侵犯，禁止用任何方法对公民进行(　　)。

A. 侮辱　　B. 诽谤和诬告陷害

C. 批评　　D. 控告

7. 我国《宪法》规定，公民有(　　)的自由。

A. 言论

B. 出版

C. 集会、结社

D. 游行、示威

8. 下列选项中的中国公民，不享有选举权的有(　　)。

A. 周某，刚满 15 周岁

B. 吴某，30 周岁，被监视居住

C. 郑某，被剥夺政治权利期间

D. 王某，50 周岁，患精神病

9. 任何公民，非经(　　)并由公安机关执行，不受逮捕。

A. 人民检察院批准或决定

B. 人民法院决定

C. 纪检机关决定

D. 国家安全机关批准

10. 我国保障宗教信仰自由的基本政策有(　　)。

A. 实行宗教信仰自由政策

B. 国家保护正常的宗教活动

C. 宗教事务不受外国势力支配

D. 积极引导宗教与社会主义社会相适应

(四) 填空题

1. 中华人民共和国公民有宗教信仰自由。国家保护____的宗教活动。宗教____和宗教____不受外国势力的支配。
2. 任何人不得利用宗教进行破坏社会____、损害公民____、妨碍____的活动。
3. 任何公民，非经人民检察院____或者____，或者人民法院____，并由公安机关____，不受____。
4. 中华人民共和国公民的人格尊严不受侵犯。禁止用任何方法对公民进行____、____和____。
5. 中华人民共和国公民的住宅不受侵犯。禁止非法____或者非法____公民的住宅。
6. 中华人民共和国公民的通信自由和通信秘密受法律的保护。除因____安全或者追查____的需要，由____机关或者____机关依照法律规定的程序对通信进行检查外，任何组织或者个人不得以任何理由侵犯公民的通信自由和通信秘密。
7. 中华人民共和国公民对于任何国家机关和____，有提出批评和建议的权利；对于任何国家机关和____的____行为，有向有关国家机关提出申诉、控告或者检举的权利。
8. 由于国家机关和国家工作人员侵犯公民权利而受到损失的人，有依照法律____的权利。
9. 国家通过各种途径，创造劳动就业条件，加强劳动保护，改善劳动条件，并在____的基础上，提高劳动报酬和福利待遇。
10. 劳动是一切有____的公民的光荣职责。国家提倡公民从事____劳动。
11. 中华人民共和国____有休息的权利。
12. 国家发展劳动者休息和休养的设施，规定职工的工作____和____制度。
13. 中华人民共和国公民在____、____或者丧失____的情况下，有从国家和社会获得物质帮助的权利。

14. 国家发展为公民享受物质帮助权利所需要的社会____、____社会____和____事业。

15. 国家和社会保障残废军人的生活，抚恤____家属，优待____家属。

（五）简答题

1. 什么是宗教信仰自由？
2. 简述我国公民的政治权利。
3. 我国公民基本权利的主要特点是什么？
4. 简述我国宪法所规定的公民的基本义务。

参考答案

（一）判断题

1. √，解析：《宪法》第 45 条第 2 款。
2. ×，解析：《宪法》第 67 条规定，全国人民代表大会常务委员会行使下列职权：（十六）规定军人和外交人员的衔级制度和其他专门衔级制度；
3. ×，解析：《宪法》第 40 条规定："中华人民共和国公民的通信自由和通信秘密受法律的保护。除因国家安全或者追查刑事犯罪的需要，由公安机关或者检察机关依照法律规定的程序对通信进行检查外，任何组织或者个人不得以任何理由侵犯公民的通信自由和通信秘密。"可见，涉嫌犯罪的公民的通信自由和通信秘密受到限制。
4. ×，解析：《宪法》第 51 条规定："中华人民共和国公民在行使自由和权利的时候，不得损害国家的、社会的、集体的利益和其他公民的合法的自由和权利。"
5. √，解析：《宪法》第 37 条第 2 款。
6. ×，解析：人大代表享有人身特别保护权。《宪法》第 74 条规定："全国人民代表大会代表，非经全国人民代表大会会议主席团许可，在全国人民代表大会闭会期间非经全国人民代表大会常务委员会许可，不受逮捕或者刑事审判。"《地方各级人民代表大会和地方各级人民政府组织法》第 35 条规定："县级以上的地方各级人民代表大会代表，非经本级人民代表大会主席团许可，在大会闭会期间，非经本级人民代表大会常务委员会许可，不受逮捕或者刑事审判。如果因为是现行犯被拘留，执行拘留的公安机关应当立即向该级人民代表大会主席团或者常务委员会报告。”

7. √，解析：《宪法》第 36 条第 2 款。

8. √，解析：《宪法》第 50 条。

9. ×，解析：宪法和法律未强制有劳动能力的公民从事义务劳动。《宪法》第 42 条第 3 款规定：“国家提倡公民从事义务劳动。”

10. √，解析：《宪法》第 35 条。

11. √，解析：《宪法》第 45 条第 1 款。

12. √，解析：《宪法》第 40 条。

13. √，解析：《宪法》第 37 条、第 40 条。

14. ×，解析：《宪法》第 39 条规定：“中华人民共和国公民的住宅不受侵犯。禁止非法搜查或者非法侵入公民的住宅。”

15. √，解析：《宪法》第 46 条第 1 款。

（二）单选题

1. A，解析：《宪法》第 37 条第 2 款规定：“任何公民，非经人民检察院批准或者决定或者人民法院决定，并由公安机关执行，不受逮捕。”

2. C，解析：《宪法》第 40 条规定：“中华人民共和国公民的通信自由和通信秘密受法律的保护。除因国家安全或者追查刑事犯罪的需要，由公安机关或者检察机关依照法律规定的程序对通信进行检查外，任何组织或者个人不得以任何理由侵犯公民的通信自由和通信秘密。”

3. D，解析：《宪法》第 49 条第 3 款：“父母有抚养教育未成年子女的义务，成年子女有赡养扶助父母的义务。”

4. D，解析：《宪法》第 46 条第 1 款规定：“中华人民共和国公民有受教育的权利和义务。”

5. D，解析：《宪法》第 34 条规定：“中华人民共和国年满十八周岁的公民，不分民族、种族、性别、职业、家庭出身、宗教信仰、教育程度、财产状况、居住期限，都有选举权和被选举权；但是依照法律被剥夺政治权利的人除外。”

6. C，解析：《宪法》第 45 条第 1 款规定：“中华人民共和国公民在年老、疾病或者丧失劳动能力的情况下，有从国家和社会获得物质帮助的权利。”

7. B，解析：《宪法》第 55 条第 2 款规定：“依照法律服兵役和参加民兵组织是中华人民共和国公民的光荣义务。”

8. D，解析：《宪法》第 55 条第 2 款规定：“依照法律服兵役和参加民兵组织是中华人民共和国公民的光荣义务。”依法服兵役不是我国公民的基本权利，因此 A 选项错误；《宪法》第 46 条第 1 款规定：“中华人民共和国公民有受教育的权利和义务。”受教育是全体中国公民的权利和义务，因此 B 选项错误；《宪法》第 45 条第 1 款规定：“中华人民共和国公民在年老、疾病或者丧失劳动能力的情况下，有从国家和社会获得物质帮助的权利。”因此 C 选项错误；2004 年宪法修正案将“国家尊重和保障人权”纳入《宪法》第 33 条，D 选项正确。

9. B，解析：中华人民共和国公民在年老、疾病或者丧失劳动能力的情况下，有从国家和社会获得物质帮助的权利。A 选项错误。《刑法》第 54 条的规定，剥夺政治权利包括以下几方面的内容：（1）选举权和被选举权；（2）言论、出版、集会、结社、游行、示威自由的权利；（3）担任国家机关职务的权利；（4）担任国有公司、企业、事业单位和人民团体领导职务的权利。B 选项正确。我国宪法未规定公民有公开传教的自由。C 选项错误。我国公民合法的私有财产不受侵犯。D 选项错误。

10. B，解析：《宪法》第 47 条规定：“中华人民共和国公民有进行科学研究、文学艺术创作和其他文化活动的自由。”出版自由属于公民政治权利和自由的范畴。

11. D，解析：我国《宪法》规定的关于公民权利和义务的特点是：（1）权利和义务的广泛性。享受权利和承担义务的主体广泛，同时，宪法确认和保障的公民权利和义务的范围广泛；（2）权利和义务的现实性。《宪法》实事求是地从实际出发确定公民权利和义务的内容，并规定了实现权利的法律保障和物质保障；（3）权利和义务的平等性。公民在权利上一律平等，在守法上、司法上一律平等；（4）权利和义务的一致性。公民享有权利必须履行相应的义务，反之，公民履行《宪法》规定的义务，必须享受《宪法》规定的权利。

12. A，解析：我国公民的基本权利和基本义务即指由我国《宪法》确认的权利和义务。

13. A，解析：《宪法》第 43 条第 1 款规定：“中华人民共和国劳动者有休息的权利。”

14. C，解析：根据我国《国籍法》的规定，以下情形可以取得我国国籍：

（1）父母双方或一方为中国公民，本人出生在中国，具有中国国籍。（2）父母双方或一方为中国公民，本人出生在外国，具有中国国籍；但父母双方或一方为中国公民并定居在外国，本人出生时即具有外国国籍的，不具有中国国籍。（3）父母无国籍或国籍不明，定居在中国，本人出生在中国，具有中国国籍。（4）外国人或无国籍人，愿意遵守中国宪法和法律，符合法律规定的条件并申请加入中国国籍得到批准的，即取得中国国籍；被批准加入中国国籍的，不得再保留外国国籍。

15. A，解析：《集会游行示威法实施条例》第7条规定："集会、游行、示威由举行地的市、县公安局、城市公安分局主管。"

（三）多选题

1. ABCD，解析：《宪法》第51条规定，中华人民共和国公民在行使自由和权利的时候，不得损害国家的、社会的、集体的利益和其他公民的合法的自由和权利。
2. ACD，解析：《宪法》第41条第1款规定，中华人民共和国公民对于任何国家机关和国家工作人员，有提出批评和建议的权利；对于任何国家机关和国家工作人员的违法失职行为，有向有关国家机关提出申诉、控告或者检举的权利，但是不得捏造或者歪曲事实进行诬告陷害。
3. AB，解析：《宪法》第42条第1款规定，中华人民共和国公民有劳动的权利和义务。第46条第1款规定，中华人民共和国公民有受教育的权利和义务。
4. BC，解析：《宪法》第44条规定，国家依照法律规定实行企业事业组织的职工和国家机关工作人员的退休制度。退休人员的生活受到国家和社会的保障。
5. ABCD，解析：《宪法》第52条规定，中华人民共和国公民有维护国家统一和全国各民族团结的义务。第54条规定，中华人民共和国公民有维护祖国的安全、荣誉和利益的义务，不得有危害祖国的安全、荣誉和利益的行为。第55条第1款规定，保卫祖国、抵抗侵略是中华人民共和国每一个公民的神圣职责。第56条规定，中华人民共和国公民有依照法律纳税的义务。
6. AB，解析：《宪法》第38条规定，中华人民共和国公民的人格尊严不受侵犯。禁止用任何方法对公民进行侮辱、诽谤和诬告陷害。
7. ABCD，解析：《宪法》第35条规定，中华人民共和国公民有言论、出版、集会、结社、游行、示威的自由。
8. AC，解析：《宪法》第34条规定，中华人民共和国年满18周岁的公民，不分民族、种族、性别、职业、家庭出身、宗教信仰、教育程度、财产状况、居住期限，都有选举权和被选举权；但是依照法律被剥夺政治权利的人除外。

9. AB，解析：《宪法》第 37 条第 2 款规定，任何公民，非经人民检察院批准或者决定或者人民法院决定，并由公安机关执行，不受逮捕。

10. ABC，解析：《宪法》第 36 条规定，中华人民共和国公民有宗教信仰自由。任何国家机关、社会团体和个人不得强制公民信仰宗教或者不信仰宗教，不得歧视信仰宗教的公民和不信仰宗教的公民。国家保护正常的宗教活动。任何人不得利用宗教进行破坏社会秩序、损害公民身体健康、妨碍国家教育制度的活动。宗教团体和宗教事务不受外国势力的支配。

（四）填空题

1. 正常；团体；事务。（《宪法》第 36 条第 1、3、4 款）
2. 秩序；身体健康；国家教育制度。（《宪法》第 36 条第 3 款）
3. 批准；决定；决定；执行；逮捕。（《宪法》第 37 条）
4. 侮辱；诽谤；诬告陷害。（《宪法》第 38 条）
5. 搜查；侵入。（《宪法》第 39 条）
6. 国家；刑事犯罪；公安；检察。（《宪法》第 40 条）
7. 国家工作人员；国家工作人员；违法失职。（《宪法》第 41 条第 1 款）
8. 取得赔偿。（《宪法》第 41 条第 3 款）
9. 发展生产。（《宪法》第 42 条第 2 款）
10. 劳动能力；义务。（《宪法》第 42 条第 3 款）
11. 劳动者。（《宪法》第 43 条第 1 款）
12. 时间；休假。（《宪法》第 43 条第 2 款）
13. 年老；疾病；劳动能力。（《宪法》第 45 条第 1 款）
14. 保险；救济；医疗卫生。（《宪法》第 45 条第 1 款）
15. 烈士；军人。（《宪法》第 45 条第 2 款）

（五）简答题

1. 答：宗教信仰自由的具体含义是指：（1）每个公民都有按照自己的意愿信仰宗教的自由，也有不信仰宗教的自由；（2）有信仰这种宗教的自由，也有信仰那种宗教的自由；（3）有在同一宗教里信仰这个教派的自由，也有信仰那个教派的自由；（4）有过去信教而现在不信教的自由，也有过去不信教而现在信教的自由；（5）有按宗教信仰参加宗教仪式的自由，也有不参加宗教仪式的自由。

2. 答：政治权利是宪法规定的公民的基本权利。它是指公民根据宪法的规定，参加政治生活的行为的可能性。我国公民享有的政治权利十分广泛，具体如下：（1）选举权和被选举权。宪法规定，中华人民共和国年满18周岁的公民，不分民族、种族、性别、职业、家庭出身、宗教信仰、教育程度、财产状况、居住期限，都有选举权和被选举权，但是依法被剥夺政治权利的人除外。（2）言论、出版、集会、结社、游行、示威自由。①言论自由。言论自由是发表和宣传自己的思想和观点的自由，但煽动叛乱、分裂祖国、颠覆人民民主专政的言论不属于言论自由。此外，公民不可以以言论自由来侮辱、谩骂他人，侵害他人的权益；也不可以泄露国家机密、商业秘密，公开他人隐私。②出版自由。出版自由是公民通过出版物表达自己的意见和思想的权利，它是言论自由的一种表现形式。国家对出版物的规范管理和出版自由不相矛盾，规范管理正是为了保证出版自由的正确行使。③结社自由。它是指公民依法结成某种社会团体，进行社会活动的自由。结社自由不得违反宪法确定的基本原则，不得危害国家的利益、安全和民族团结，不得损害社会公共利益。④集会、游行、示威的自由，指采用集体或者列队行进的方式，表达某种意愿和要求的自由。为了维持社会安定和正常秩序，要行使此项权利进必须依法提出申请，经主管部门许可，并在服从当局的指引和管理下进行。公民在行使上述①至④项权利和自由时，必须以《宪法》第51条规定的原则为指导。

3. 答：我国宪法关于公民基本权利的特点是：（1）广泛性。享受权利的主体广泛，宪法确认和保障的公民权利和自由的范围广泛。（2）权利和自由的现实性。宪法实事求是地从实际出发确定公民权利的内容，并规定了实现权利的法律保障和物质保障。（3）权利和自由的平等性。公民享有权利上一律平等，在守法上、司法上、执法上一律平等。（4）权利和义务的一致性。公民享有权利必须履行相应的义务。公民履行宪法规定的义务，必须享受宪法规定的权利。

4. 答：任何公民享有宪法和法律规定的权利，同时必须履行宪法和法律规定的义务。《宪法》规定的公民的基本义务有：（1）维护国家统一和全国各民族团结；（2）遵守宪法和法律，保守国家秘密，爱护公共财产，遵守劳动纪律，遵守公共秩序，尊重社会公德；（3）维护祖国的安全、荣誉和利益；（4）依照法律服兵役和参加民兵组织；（5）依照法律纳税；（6）其他义务。

二、兵役法

（一）判断题

1. 保卫祖国、抵抗侵略是中华人民共和国每一个公民的神圣职责。（　　）
2. 中华人民共和国公民，不分民族、种族、职业、家庭出身、宗教信仰和教育程度，都有权利依照《兵役法》的规定服兵役。（　　）
3. 依照法律被剥夺政治权利的公民，可以服兵役。（　　）
4. 军人和预备役人员，必须遵守宪法和法律，履行的义务和享有的权利和普通公民完全一致。（　　）
5. 军人和预备役人员入役时应当依法进行服役宣誓。（　　）
6. 兵役工作有关部门及其工作人员应当对收集的个人信息严格保密，不得泄露或者向他人非法提供。（　　）
7. 初次兵役登记必须到兵役登记站（点）现场登记。进行兵役登记，应当如实填写个人信息。（　　）
8. 应征公民是维持家庭生活唯一劳动力的，必须缓征。（　　）
9. 军士实行分级服现役制度。军士服现役的期限一般不超过 30 年，年龄不超过 60 周岁。（　　）
10. 士兵因国家建设或者军队编制调整需要退出现役的，经军队医院诊断证明本人健康状况不适合继续服现役的，或者因其他特殊原因需要退出现役的，经批准可以提前退出现役。（　　）
11. 士兵退出现役的时间为部队下达退出现役命令之日。（　　）
12. 依照《兵役法》第 17 条规定经过预备役登记的退出现役的士兵，由部队会同兵役机关根据军队需要，遴选确定服士兵预备役；经过考核，适合担任预备役军官职务的，服军官预备役。（　　）
13. 国家保障军人享有符合军事职业特点、与其履行职责相适应的工资、津贴、住房、医疗、保险、休假、疗养等待遇。军人的待遇应当与国民经济发展相协调，与社会进步相适应。（　　）

14. 义务兵和军士入伍前依法取得的农村土地承包经营权，服现役期间不得保留。(　　)

15. 服现役期间平时获得一等功以上荣誉或者战时获得二等功以上荣誉以及属于烈士子女的义务兵退出现役，由安置地的县级以上地方人民政府安排工作。(　　)

16. 残疾军人、患慢性病的军人退出现役后，患过慢性病旧病复发需要治疗的，由当地医疗机构负责给予治疗，所需医疗和生活费用，本人经济困难的，按照国家规定给予补助。(　　)

（二）单选题

1. 中华人民共和国实行(　　)的兵役制度。
   A. 以志愿兵役为主体的志愿兵役与义务兵役相结合
   B. 以义务兵役为主体的志愿兵役与义务兵役相结合
   C. 以志愿兵役为主体的志愿兵役与民兵役相结合
   D. 以义务兵役为主体的义务兵役与民兵役相结合

2. 全国的兵役工作，在国务院、中央军事委员会领导下，由(　　)负责。
   A. 公安部　　B. 国家安全部
   C. 民政部　　D. 国防部

3. 每年12月31日以前年满(　　)周岁的男性公民，都应当按照兵役机关的安排在当年进行初次兵役登记。
   A. 16　　B. 18
   C. 20　　D. 22

4. 普通高等学校毕业生的征集年龄可以放宽至(　　)周岁，研究生的征集年龄可以放宽至(　　)周岁。
   A. 23；25　　B. 24；26
   C. 23；26　　D. 24；25

5. 根据军队需要和本人自愿，可以征集（　　）的公民服现役。
   A. 年满16周岁未满18周岁
   B. 年满16周岁未满20周岁
   C. 年满17周岁未满18周岁

D. 年满 17 周岁未满 20 周岁

6. 军人(　　)致残的，按照国家规定评定残疾等级，发给残疾军人证，享受国家规定的待遇、优待和残疾抚恤金。

A. 因战、因公、因伤

B. 因战、因私、因病

C. 因训、因公、因病

D. 因战、因公、因病

7. 军士退出现役，服现役满(　　)年或者符合国家规定的其他条件的，由安置地的县级以上地方人民政府安排工作。

A. 10　　B. 12

C. 15　　D. 16

(三) 多项选择题

1. 兵役工作坚持中国共产党的领导，贯彻习近平强军思想，贯彻新时代军事战略方针，坚持与国家经济社会发展相协调，坚持与国防和军队建设相适应，遵循(　　)的原则。

A. 服从国防需要

B. 聚焦备战打仗

C. 彰显服役光荣

D. 体现权利和义务一致

2. 预备役人员必须按照规定(　　)，随时准备应召参战，保卫祖国。

A. 参加军事训练

B. 担负战备勤务

C. 执行非战争军事行动任务

D. 执行战争军事行动任务

3. 国家加强兵役工作信息化建设，采取有效措施实现有关部门之间信息共享，推进兵役信息(　　)等技术的现代化，为提高兵役工作质量效益提供支持。

A. 收集　　B. 处理

C. 传输　　D. 存储

4. 关于《兵役法》，下列说法正确的有：(　　)

A. 国家采取措施，加强兵役宣传教育，增强公民依法服兵役意识，营造服役光荣的良好社会氛围

B. 军人和预备役人员建立功勋的，按照国家和军队关于功勋荣誉表彰的规定予以褒奖

C. 兵役工作有关部门及其工作人员应当对收集的个人信息严格保密，不得泄露或者向他人非法提供

D. 县级以上地方人民政府兵役机关应当会同相关部门，加强对本行政区域内兵役工作的组织协调和监督检查

5. 应征公民因涉嫌犯罪正在被依法(　　)或者被判处徒刑、拘役、管制正在服刑的，不征集。

A. 监察调查　　B. 侦查

C. 起诉　　D. 审判

6. 为了应对(　　)遭受的威胁，抵抗侵略，各级人民政府、各级军事机关，在平时必须做好战时兵员动员的准备工作。

A. 国家主权

B. 国家统一

C. 国家领土完整

D. 国家安全和发展利益

7. 预备役人员(　　)，享受国家规定的伙食、交通等补助。

A. 参战

B. 参加军事训练

C. 担负战备勤务

D. 执行非战争军事行动任务

8. 对退出现役的军士，国家采取(　　)等方式妥善安置。

A. 逐月领取退役金　　B. 自主就业

C. 安排工作　　D. 退休、供养

（四）填空题

1. 有严重____或者严重____不适合服兵役的公民，免服兵役。

2. 兵役分为____和____。
3. 普通高等学校____有负责兵役工作的机构。
4. 县级以上地方人民政府和同级军事机关应当将兵役工作情况作为____、____评比和有关单位及其负责人考核评价的内容。
5. 兵役登记包括____登记和____登记。
6. 退出现役的士兵自退出现役之日起____日内，退出现役的军官自确定安置地之日起____内，到安置地县、自治县、不设区的市、市辖区人民政府兵役机关进行兵役登记信息变更。
7. 义务兵服现役的期限为____。
8. 根据军队建设的需要，军队院校可以从青年学生中招收学员。招收学员的年龄，____征集服现役____的限制。
9. 战时根据需要，国务院和中央军事委员会可以决定____征召男性公民服现役的年龄上限，可以决定____公民服现役的期限。
10. 义务兵和军士入伍前是机关、团体、事业单位或者国有企业工作人员的，退出现役后可以选择____。
11. 对退出现役的义务兵，国家采取____、____、____等方式妥善安置。
12. 军士服现役满____年或者年满____周岁或者符合国家规定的其他条件的，作退休安置。

（五）简答题

1. 现役军官从哪些人员中选拔、招收？
2. 简述预备役军官包括的人员范围。
3. 简述应征公民拒绝、逃避征集服现役的法律责任。

参考答案

（一）判断题

1. √，解析：《兵役法》第 2 条。

2. ×，解析：《兵役法》第 5 条第 1 款规定，中华人民共和国公民，不分民族、种族、职业、家庭出身、宗教信仰和教育程度，都有义务依照本法的规定服兵役。

3. ×，解析：《兵役法》第 5 条第 3 款规定，依照法律被剥夺政治权利的公民，不得服兵役。

4. ×，解析：《兵役法》第 7 条规定，军人和预备役人员，必须遵守宪法和法律，履行公民的义务，同时享有公民的权利；由于服兵役而产生的权利和义务，由本法和其他相关法律法规规定。

5. √，解析：《兵役法》第 8 条第 3 款。

6. √，解析：《兵役法》第 11 条第 2 款。

7. ×，解析：《兵役法》第 15 条第 3 款规定，初次兵役登记可以采取网络登记的方式进行，也可以到兵役登记站（点）现场登记。进行兵役登记，应当如实填写个人信息。

8. ×，解析：《兵役法》第 23 条规定，应征公民是维持家庭生活唯一劳动力的，可以缓征。

9. ×，解析：《兵役法》第 27 条第 2 款规定，军士实行分级服现役制度。军士服现役的期限一般不超过 30 年，年龄不超过 55 周岁。

10. √，解析：《兵役法》第 28 条第 2 款。

11. √，解析：《兵役法》第 29 条第 2 款。

12. √，解析：《兵役法》第 30 条。

13. √，解析：《兵役法》第 47 条第 1 款。

14. ×，解析：《兵役法》第 50 条第 3 款规定，义务兵和军士入伍前依法取得的农村土地承包经营权，服现役期间应当保留。

15. ×，解析：《兵役法》第 53 条第 3 款规定，服现役期间平时获得二等功以上荣誉或者战时获得三等功以上荣誉以及属于烈士子女的义务兵退出现役，由安置地的县级以上地方人民政府安排工作；待安排工作期间由当地人民政府按照国家有关规定发给生活补助费；根据本人自愿，也可以选择自主就业。

16. √，解析：《兵役法》第 56 条。

（二）单选题

1. A，解析：《兵役法》第 3 条规定，中华人民共和国实行以志愿兵役为主体的志愿兵役与义务兵役相结合的兵役制度。
2. D，解析：《兵役法》第 9 条第 1 款规定，全国的兵役工作，在国务院、中央军事委员会领导下，由国防部负责。
3. B，解析：《兵役法》第 15 条第 1 款规定，每年 12 月 31 日以前年满 18 周岁的男性公民，都应当按照兵役机关的安排在当年进行初次兵役登记。
4. B，解析：《兵役法》第 20 条第 1 款规定，年满 18 周岁的男性公民，应当被征集服现役；当年未被征集的，在 22 周岁以前仍可以被征集服现役。普通高等学校毕业生的征集年龄可以放宽至 24 周岁，研究生的征集年龄可以放宽至 26 周岁。
5. C，解析：《兵役法》第 20 条第 3 款规定，年根据军队需要和本人自愿，可以征集年满 17 周岁未满 18 周岁的公民服现役。
6. D，解析：《兵役法》第 49 条第 2 款规定，军人因战、因公、因病致残的，按照国家规定评定残疾等级，发给残疾军人证，享受国家规定的待遇、优待和残疾抚恤金。因工作需要继续服现役的残疾军人，由所在部队按照规定发给残疾抚恤金。
7. B，解析：《兵役法》第 54 条第 3 款规定，军士退出现役，服现役满 12 年或者符合国家规定的其他条件的，由安置地的县级以上地方人民政府安排工作；待安排工作期间由当地人民政府按照国家有关规定发给生活补助费；根据本人自愿，也可以选择自主就业。

（三）多项选择题

1. ABCD，解析：《兵役法》第 4 条规定，兵役工作坚持中国共产党的领导，贯彻习近平强军思想，贯彻新时代军事战略方针，坚持与国家经济社会发展相协调，坚持与国防和军队建设相适应，遵循服从国防需要、聚焦备战打仗、彰显服役光荣、体现权利和义务一致的原则。
2. ABC，解析：《兵役法》第 8 条第 2 款规定，预备役人员必须按照规定参加军事训练、担负战备勤务、执行非战争军事行动任务，随时准备应召参战，保卫祖国。
3. ABCD，解析：《兵役法》第 11 条第 1 款规定，国家加强兵役工作信息化建设，采取有效措施实现有关部门之间信息共享，推进兵役信息收集、处理、传输、存储等技术的现代化，为提高兵役工作质量效益提供支持。

4. ABCD，解析：《兵役法》第 10 条第 1 款规定，D 项正确。《兵役法》第 11 条第 2 款规定，C 项正确。《兵役法》第 12 条规定，A 项正确。《兵役法》第 13 条第 1 款规定，B 项正确。
5. ABCD，解析：《兵役法》第 24 条规定，应征公民因涉嫌犯罪正在被依法监察调查、侦查、起诉、审判或者被判处徒刑、拘役、管制正在服刑的，不征集。
6. ABCD，解析：《兵役法》第 43 条规定，为了应对国家主权、统一、领土完整、安全和发展利益遭受的威胁，抵抗侵略，各级人民政府、各级军事机关，在平时必须做好战时兵员动员的准备工作。
7. ABCD，解析：《兵役法》第 48 条规定，预备役人员参战、参加军事训练、担负战备勤务、执行非战争军事行动任务，享受国家规定的伙食、交通等补助。预备役人员是机关、团体、企业事业组织工作人员的，参战、参加军事训练、担负战备勤务、执行非战争军事行动任务期间，所在单位应当保持其原有的工资、奖金和福利待遇。预备役人员的其他待遇保障依照有关法律法规和国家有关规定执行。
8. ABCD，解析：《兵役法》第 54 条第 1 款规定，对退出现役的军士，国家采取逐月领取退役金、自主就业、安排工作、退休、供养等方式妥善安置。

（四）填空题

1. 生理缺陷；残疾。（《兵役法》第 5 条第 2 款）
2. 现役；预备役。（《兵役法》第 6 条）
3. 应当。（《兵役法》第 9 条第 3 款）
4. 拥军优属；拥政爱民。（《兵役法》第 10 条第 2 款）
5. 初次兵役；预备役。（《兵役法》第 14 条）
6. 40；30。（《兵役法》第 17 条）
7. 2 年。（《兵役法》第 26 条）
8. 不受；年龄。（《兵役法》第 38 条）
9. 适当放宽；延长。（《兵役法》第 45 条）
10. 复职复工。（《兵役法》第 50 条第 2 款）
11. 自主就业；安排工作；供养。（《兵役法》第 53 条第 1 款）
12. 30；55。（《兵役法》第 54 条第 4 款）

（五）简答题

1. 答：《兵役法》第 33 条规定，现役军官从下列人员中选拔、招收：（1）军队院校毕业学员；（2）普通高等学校应届毕业生；（3）表现优秀的现役士兵；（4）军队需要的专业技术人员和其他人员。

   战时根据需要，可以从现役士兵、军队院校学员、征召的预备役军官和其他人员中直接任命军官。

2. 答：《兵役法》第 34 条规定，预备役军官包括下列人员：（1）确定服军官预备役的退出现役的军官；（2）确定服军官预备役的退出现役的士兵；（3）确定服军官预备役的专业技术人员和其他人员。

3. 答：《兵役法》第 57 条规定，有服兵役义务的公民有下列行为之一的，由县级人民政府责令限期改正；逾期不改正的，由县级人民政府强制其履行兵役义务，并处以罚款：（1）拒绝、逃避兵役登记的；（2）应征公民拒绝、逃避征集服现役的；（3）预备役人员拒绝、逃避参加军事训练、担负战备勤务、执行非战争军事行动任务和征召的。

   应征公民拒绝、逃避征集服现役，拒不改正的，不得录用为公务员或者参照《中华人民共和国公务员法》管理的工作人员，不得招录、聘用为国有企业和事业单位工作人员，两年内不准出境或者升学复学，纳入履行国防义务严重失信主体名单实施联合惩戒。

三、国防法

（一）判断题

1. 国防是国家生存与发展的安全保障。国家加强武装力量建设，加强边防、海防、空防和其他重大安全领域防卫建设，发展国防科研生产，普及全民国防教育，完善国防动员体系，实现国防现代化。(　　)
2. 国防活动坚持以马克思列宁主义、毛泽东思想、邓小平理论、“三个代表”重要思想、科学发展观、习近平新时代中国特色社会主义思想为指导，贯彻习近平强军思想，坚持总体国家安全观，贯彻新时代军事战略方针，建设与我国国际地位相称、与国家安全和发展利益相适应的巩固国防和强大武装力量。(　　)
3. 中华人民共和国奉行防御性国防政策，独立自主、自力更生地建设和巩固国防，实行积极防御，坚持全民国防。国家坚持经济建设和国防建设协调、平衡、兼容发展，依法开展国防活动，加快国防和军队现代化，实现科技和强军相统一。(　　)
4. 保卫祖国、抵抗侵略是中华人民共和国每一个公民的神圣职责。中华人民共和国公民可以依法履行国防义务。一切国家机关和武装力量、各政党和各人民团体、企业事业组织、社会组织和其他组织，都应当支持和依法参与国防建设，履行国防职责，完成国防任务。(　　)
5. 国家和社会尊重、优待军人，保障军人的地位和合法权益，开展各种形式的拥军优属活动，让军人成为全社会尊崇的职业。中国人民解放军和中国人民武装警察部队开展拥政爱民活动，巩固军政军民团结。(　　)
6. 全国人民代表大会常务委员会依照宪法规定，决定战争和和平的问题，并行使宪法规定的国防方面的其他职权。全国人民代表大会依照宪法规定，决定战争状态的宣布，决定全国总动员或者局部动员，并行使宪法规定的国防方面的其他职权。(　　)
7. 国务院总理根据全国人民代表大会的决定和全国人民代表大会常务委员

会的决定，宣布战争状态，发布动员令，并行使宪法规定的国防方面的其他职权。(　　)

8. 地方各级人民代表大会和市级以上地方各级人民代表大会常务委员会在本行政区域内，保证有关国防事务的法律、法规的遵守和执行。地方各级人民政府依照法律规定的权限，管理本行政区域内的征兵、民兵、国民经济动员、人民防空、国防交通、国防设施保护，以及退役军人保障和拥军优属等工作。(　　)

9. 地方各级人民政府和驻地军事机关根据需要召开军地联席会议，协调解决本行政区域内有关国防事务的问题。军地联席会议由地方人民政府的负责人和驻地军事机关的负责人共同召集。军地联席会议的参加人员由会议召集人确定。军地联席会议议定的事项，由地方人民政府和驻地军事机关根据各自职责和任务分工办理，重大事项应当分别向上级报告。(　　)

10. 中华人民共和国的武装力量属于公民。它的任务是巩固国防，抵抗侵略，保卫祖国，保卫人民的和平劳动，参加国家建设事业，全心全意为人民服务。(　　)

11. 中国人民解放军由现役部队和预备役部队组成，在新时代的使命任务是为巩固中国共产党领导和社会主义制度，为捍卫国家主权、统一、领土完整，为维护国家海外利益，为促进世界和平与发展，提供战略支撑。现役部队是国家的常备军，主要担负防卫作战任务，按照规定执行非战争军事行动任务。预备役部队按照规定进行军事训练、执行防卫作战任务和非战争军事行动任务；根据国家发布的动员令，由中央军事委员会下达命令转为现役部队。(　　)

12. 中华人民共和国武装力量建设坚持走中国特色强军之路，坚持政治建军、改革强军、科技强军、人才强军、依法治军，加强军事训练，开展政治工作，提高保障水平，全面推进军事理论、军队组织形态、军事人员和武器装备现代化，构建中国特色现代作战体系，全面提高战斗力，努力实现党在新时代的强军目标。(　　)

（二）单选题

1. 国家根据国防动员需要，可以依法征收、征用组织和个人的设备设施、交通工具、场所和其他财产。（　　）对被征收、征用者因征收、征用所造成的直接经济损失，按照国家有关规定给予公平、合理的补偿。

A. 市级人民政府　　B. 县级以上人民政府

C. 省级人民政府　　D. 地方各级人民政府

2. 国家保障国防事业的必要经费。国防经费的增长应当与国防需求和国民经济发展水平相适应。国防经费依法实行（　　）。

A. 经费管理　　B. 预算管理

C. 预算监督　　D. 经费监督

3. 国家为武装力量建设、国防科研生产和其他国防建设直接投入的资金、划拨使用的土地等资源，以及由此形成的用于国防目的的武器装备和设备设施、物资器材、技术成果等属于（　　）。

A. 国防材料　　B. 国防物资

C. 国防资产　　D. 国防资源

4. 国家通过开展（　　），使全体公民增强国防观念、强化忧患意识、掌握国防知识、提高国防技能、发扬爱国主义精神，依法履行国防义务。

A. 国防教育　　B. 国防安全教育

C. 政治教育　　D. 国安教育

5. 国防教育主管部门应当加强国防教育的组织管理，其他有关部门应当按照规定的职责做好国防教育工作。（　　）应当支持有关机关和组织开展国防教育工作，依法提供有关便利条件。

A. 兵役机关　　B. 军事委员会

C. 军事机关　　D. 公安机关

6. 一切国家机关和武装力量、各政党和各人民团体、企业事业组织、社会组织、其他组织和公民，都必须依照法律规定完成国防动员准备工作；在国家发布（　　）后，必须完成规定的国防动员任务。

A. 动员令　　B. 动员通知

C. 动员计划　　D. 动员规划

7. 国家根据边防、海防、空防和其他重大安全领域防卫的需要，加强防卫力量建设，建设作战、指挥、通信、测控、导航、防护、交通、保障等国防设施。各级人民政府和(　　)应当依照法律、法规的规定，保障国防设施的建设，保护国防设施的安全。

A. 兵役机关　　B. 军事机关

C. 公安机关　　D. 民政部门

8. 国家建立和完善(　　)，发展国防科研生产，为武装力量提供性能先进、质量可靠、配套完善、便于操作和维修的武器装备以及其他适用的军用物资，满足国防需要。

A. 国防科技体系　　B. 国防科技创造体系

C. 国防科技生产体系　　D. 国防科技工业体系

9. 国家充分利用全(　　)，促进国防科学技术进步，加快技术自主研发，发挥高新技术在武器装备发展中的先导作用，增加技术储备，完善国防知识产权制度，促进国防科技成果转化，推进科技资源共享和协同创新，提高国防科研能力和武器装备技术水平。

A. 政府提供资源　　B. 公众给予资源

C. 社会优势资源　　D. 行业领先资源

10. 国家为承担国防科研生产任务和接受军事采购的组织和个人依法提供必要的保障条件和优惠政策。(　　)应当依法对承担国防科研生产任务和接受军事采购的组织和个人给予协助和支持。

A. 地方各级人民政府　　B. 军事机关

C. 兵役机关　　D. 公安机关

11. 国家为防备和抵抗侵略，制止武装颠覆和分裂，保卫国家主权、统一、领土完整、安全和发展利益所进行的军事活动，以及与军事有关的政治、经济、外交、科技、教育等方面的活动，适用(　　)。

A. 《宪法》　　B. 《国家安全法》

C. 《国防法》　　D. 《国籍法》

（三）多选题

1. 中华人民共和国支持国际社会实施的有利于维护世界和地区（　　）的

与军事有关的活动，支持国际社会为公正合理地解决国际争端以及国际军备控制、裁军和防扩散所做的努力，参与安全领域多边对话谈判，推动制定普遍接受、公正合理的国际规则。

A. 和平　　B. 安全
C. 稳定　　D. 持续

2. 中华人民共和国遵循以联合国宪章宗旨和原则为基础的国际关系基本准则，依照国家有关法律运用武装力量，保护海外中国（　　）的安全，参加联合国维和、国际救援、海上护航、联演联训、打击恐怖主义等活动，履行国际安全义务，维护国家海外利益。

A. 公民　　B. 组织
C. 机构　　D. 设施

3. 中华人民共和国坚持互相尊重主权和领土完整、（　　）五项原则，维护以联合国为核心的国际体系和以国际法为基础的国际秩序，坚持共同、综合、合作、可持续的安全观，推动构建人类命运共同体，独立自主地处理对外军事关系，开展军事交流与合作。

A. 互不侵犯　　B. 互不干涉内政
C. 平等互利　　D. 和平共处

4. （　　）依法参加军事训练，担负战备勤务、防卫作战、非战争军事行动等任务时，应当履行自己的职责和义务；国家和社会保障其享有相应的待遇，按照有关规定对其实行抚恤优待。

A. 武警　　B. 民兵
C. 预备役人员　　D. 现役军人

5. 公民和组织应当支持国防建设，为武装力量的（　　）等活动提供便利条件或者其他协助。

A. 军事训练　　B. 战备勤务
C. 防卫作战　　D. 非战争军事行动

6. （　　）应当按照国家规定在与国防密切相关的建设项目中贯彻国防要求，依法保障国防建设和军事行动的需要。车站、港口、机场、道路等交通设施的管理、运营单位应当为军人和军用车辆、船舶的通行提供优先服务，按照规定给予优待。

A. 企业事业组织　　B. 村民委员会

C. 居民委员会　　D. 个人

7. (　　)应当依法办理兵役工作，按照国务院和中央军事委员会的命令完成征兵任务，保证兵员质量。有关国家机关、人民团体、企业事业组织、社会组织和其他组织，应当依法完成民兵和预备役工作，协助完成征兵任务。

A. 各级兵役机关　　B. 各级公安机关

C. 基层人民武装机构　　D. 基层人民政府

8. 国家建立战略物资储备制度。战略物资储备应当(　　)保障战时的需要。

A. 规模适度　　B. 储存安全

C. 调用方便　　D. 定期更换

9. 国防教育贯彻(　　)的方针，实行经常教育与集中教育相结合、普及教育与重点教育相结合、理论教育与行为教育相结合的原则。

A. 全民参与　　B. 独立自主

C. 长期坚持　　D. 讲求实效

10. 国家根据国防建设和经济建设的需要，确定国防资产的(　　)，调整和处分国防资产。国防资产的管理机构和占有、使用单位，应当依法管理国防资产，充分发挥国防资产的效能。

A. 规模　　B. 结构

C. 形态　　D. 布局

11. 中华人民共和国武装力量建设坚持走中国特色强军之路，坚持(　　)、依法治军，加强军事训练，开展政治工作，提高保障水平，全面推进军事理论、军队组织形态、军事人员和武器装备现代化，构建中国特色现代作战体系，全面提高战斗力，努力实现党在新时代的强军目标。

A. 政治建军　　B. 改革强军

C. 科技强军　　D. 人才强军

(四) 填空题

1. 中华人民共和国在对外军事关系中遵守同____、____缔结或者参加的有关____和____。

2. 国家和社会优待____，抚恤优待____和____、____。
3. 国家和社会抚恤优待____，对残疾军人的生活和医疗依法给予特别保障。因战、因公致残或者致病的残疾军人退出现役后，____应当及时接收安置，并保障其生活不低于当地的平均生活水平。
4. 国家建立____，妥善安置退役军人，维护退役军人的合法权益。
5. 国家和社会优待军人。国家建立与____相适应、与____相协调的军人待遇保障制度。
6. 军人应当受到全社会的尊崇。国家建立____。国家采取有效措施保护军人的荣誉、人格尊严，依照法律规定对军人的婚姻实行____。军人依法履行职责的行为受法律保护。
7. 军人应当发扬人民军队的优良传统，热爱人民，保护人民，积极参加____，完成____等任务。
8. 军人必须模范地遵守____，遵守____，执行命令，严守纪律。
9. 军人必须____，____，履行职责，英勇战斗，不怕牺牲，捍卫祖国的安全、荣誉和利益。
10. ____有对国防建设提出建议的权利，有对____的行为进行制止或者检举的权利。
11. 国防活动坚持以马克思列宁主义、毛泽东思想、邓小平理论、“三个代表”重要思想、科学发展观、____为指导，贯彻习近平强军思想，坚持____，贯彻新时代军事战略方针，建设与我国国际地位相称、与国家安全和发展利益相适应的巩固国防和强大武装力量。

（五）简答题

1. 简述国务院领导和管理国防建设事业行使的职权。
2. 简述中央军事委员会领导全国武装力量行使的职权。
3. 简述国家对国防科研生产的管理制度。

参考答案

（一）判断题

1. √，解析：《国防法》第 3 条。
2. √，解析：《国防法》第 4 条。
3. ×，解析：《国防法》第 6 条规定，中华人民共和国奉行防御性国防政策，独立自主、自力更生地建设和巩固国防，实行积极防御，坚持全民国防。国家坚持经济建设和国防建设协调、平衡、兼容发展，依法开展国防活动，加快国防和军队现代化，实现富国和强军相统一。
4. ×，解析：《国防法》第 7 条规定，保卫祖国、抵抗侵略是中华人民共和国每一个公民的神圣职责。中华人民共和国公民应当依法履行国防义务。一切国家机关和武装力量、各政党和各人民团体、企业事业组织、社会组织和其他组织，都应当支持和依法参与国防建设，履行国防职责，完成国防任务。
5. √，解析：《国防法》第 8 条。
6. ×，解析：《国防法》第 12 条规定，全国人民代表大会依照宪法规定，决定战争和和平的问题，并行使宪法规定的国防方面的其他职权。全国人民代表大会常务委员会依照宪法规定，决定战争状态的宣布，决定全国总动员或者局部动员，并行使宪法规定的国防方面的其他职权。
7. ×，解析：《国防法》第 13 条规定，中华人民共和国主席根据全国人民代表大会的决定和全国人民代表大会常务委员会的决定，宣布战争状态，发布动员令，并行使宪法规定的国防方面的其他职权。
8. ×，解析：《国防法》第 18 条规定，地方各级人民代表大会和县级以上地方各级人民代表大会常务委员会在本行政区域内，保证有关国防事务的法律、法规的遵守和执行。地方各级人民政府依照法律规定的权限，管理本行政区域内的征兵、民兵、国民经济动员、人民防空、国防交通、国防设施保护，以及退役军人保障和拥军优属等工作。
9. √，解析：《国防法》第 19 条。
10. ×，解析：《国防法》第 20 条规定，中华人民共和国的武装力量属于人民。它的任务是巩固国防，抵抗侵略，保卫祖国，保卫人民的和平劳动，参加国家建设事业，全心全意为人民服务。
11. √，解析：《国防法》第 22 条第 2 款。

12. √，解析：《国防法》第24条。

（二）单选题

1. B，解析：《国防法》第51条规定，国家根据国防动员需要，可以依法征收、征用组织和个人的设备设施、交通工具、场所和其他财产。县级以上人民政府对被征收、征用者因征收、征用所造成的直接经济损失，按照国家有关规定给予公平、合理的补偿。
2. B，解析：《国防法》第39条规定，国家保障国防事业的必要经费。国防经费的增长应当与国防需求和国民经济发展水平相适应。国防经费依法实行预算管理。
3. C，解析：《国防法》第40条规定，国家为武装力量建设、国防科研生产和其他国防建设直接投入的资金、划拨使用的土地等资源，以及由此形成的用于国防目的的武器装备和设备设施、物资器材、技术成果等属于国防资产。国防资产属于国家所有。
4. A，解析：《国防法》第43条第1款规定，国家通过开展国防教育，使全体公民增强国防观念、强化忧患意识、掌握国防知识、提高国防技能、发扬爱国主义精神，依法履行国防义务。
5. C，解析：《国防法》第45条规定，国防教育主管部门应当加强国防教育的组织管理，其他有关部门应当按照规定的职责做好国防教育工作。军事机关应当支持有关机关和组织开展国防教育工作，依法提供有关便利条件。一切国家机关和武装力量、各政党和各人民团体、企业事业组织、社会组织和其他组织，都应当组织本地区、本部门、本单位开展国防教育。学校的国防教育是全民国防教育的基础。各级各类学校应当设置适当的国防教育课程，或者在有关课程中增加国防教育的内容。普通高等学校和高中阶段学校应当按照规定组织学生军事训练。公职人员应当积极参加国防教育，提升国防素养，发挥在全民国防教育中的模范带头作用。
6. A，解析：《国防法》第50条规定，国家国防动员领导机构、中央国家机关、中央军事委员会机关有关部门按照职责分工，组织国防动员准备和实施工作。一切国家机关和武装力量、各政党和各人民团体、企业事业组织、社会组织、其他组织和公民，都必须依照法律规定完成国防动员准备工作；在国家发布动员令后，必须完成规定的国防动员任务。
7. B，解析：《国防法》第32条规定，国家根据边防、海防、空防和其他重大安全领域防卫的需要，加强防卫力量建设，建设作战、指挥、通信、测控、导航、防护、交通、保障等国防设施。各级人民政府和军事机关应当依照法律、法规的规定，保障国防设施的建设，保护国防设施的安全。

8. D，解析：《国防法》第 33 条规定，国家建立和完善国防科技工业体系，发展国防科研生产，为武装力量提供性能先进、质量可靠、配套完善、便于操作和维修的武器装备以及其他适用的军用物资，满足国防需要。

9. C，解析：《国防法》第 35 条规定，国家充分利用全社会优势资源，促进国防科学技术进步，加快技术自主研发，发挥高新技术在武器装备发展中的先导作用，增加技术储备，完善国防知识产权制度，促进国防科技成果转化，推进科技资源共享和协同创新，提高国防科研能力和武器装备技术水平。

10. A，解析：《国防法》第 38 条规定，国家对国防科研生产实行统一领导和计划调控；注重发挥市场机制作用，推进国防科研生产和军事采购活动公平竞争。国家为承担国防科研生产任务和接受军事采购的组织和个人依法提供必要的保障条件和优惠政策。地方各级人民政府应当依法对承担国防科研生产任务和接受军事采购的组织和个人给予协助和支持。承担国防科研生产任务和接受军事采购的组织和个人应当保守秘密，及时高效完成任务，保证质量，提供相应的服务保障。国家对供应武装力量的武器装备和物资、工程、服务，依法实行质量责任追究制度。

11. C，解析：《国防法》第 2 条规定，国家为防备和抵抗侵略，制止武装颠覆和分裂，保卫国家主权、统一、领土完整、安全和发展利益所进行的军事活动，以及与军事有关的政治、经济、外交、科技、教育等方面的活动，适用本法。

（三）多选题

1. ABC，解析：《国防法》第 69 条规定，中华人民共和国支持国际社会实施的有利于维护世界和地区和平、安全、稳定的与军事有关的活动，支持国际社会为公正合理地解决国际争端以及国际军备控制、裁军和防扩散所做的努力，参与安全领域多边对话谈判，推动制定普遍接受、公正合理的国际规则。

2. ABCD，解析：《国防法》第 68 条规定，中华人民共和国遵循以联合国宪章宗旨和原则为基础的国际关系基本准则，依照国家有关法律运用武装力量，保护海外中国公民、组织、机构和设施的安全，参加联合国维和、国际救援、海上护航、联演联训、打击恐怖主义等活动，履行国际安全义务，维护国家海外利益。

3. ABCD，解析：《国防法》第 67 条规定，中华人民共和国坚持互相尊重主权和领土完整、互不侵犯、互不干涉内政、平等互利、和平共处五项原则，维护以联合国为核心的国际体系和以国际法为基础的国际秩序，坚持共同、综合、合作、可持续的安全观，推动构建人类命运共同体，独立自主地处理对外军事关系，开展军事交流与合作。
4. BC，解析：《国防法》第 58 条规定，民兵、预备役人员和其他公民依法参加军事训练，担负战备勤务、防卫作战、非战争军事行动等任务时，应当履行自己的职责和义务；国家和社会保障其享有相应的待遇，按照有关规定对其实行抚恤优待。公民和组织因国防建设和军事活动在经济上受到直接损失的，可以依照国家有关规定获得补偿。
5. ABCD，解析：《国防法》第 56 条规定，公民和组织应当支持国防建设，为武装力量的军事训练、战备勤务、防卫作战、非战争军事行动等活动提供便利条件或者其他协助。国家鼓励和支持符合条件的公民和企业投资国防事业，保障投资者的合法权益并依法给予政策优惠。
6. AD，解析：《国防法》第 54 条规定，企业事业组织和个人承担国防科研生产任务或者接受军事采购，应当按照要求提供符合质量标准的武器装备或者物资、工程、服务。企业事业组织和个人应当按照国家规定在与国防密切相关的建设项目中贯彻国防要求，依法保障国防建设和军事行动的需要。车站、港口、机场、道路等交通设施的管理、运营单位应当为军人和军用车辆、船舶的通行提供优先服务，按照规定给予优待。
7. AC，解析：《国防法》第 53 条规定，依照法律服兵役和参加民兵组织是中华人民共和国公民的光荣义务。各级兵役机关和基层人民武装机构应当依法办理兵役工作，按照国务院和中央军事委员会的命令完成征兵任务，保证兵员质量。有关国家机关、人民团体、企业事业组织、社会组织和其他组织，应当依法完成民兵和预备役工作，协助完成征兵任务。
8. ABCD，解析：《国防法》第 49 条规定，国家建立战略物资储备制度。战略物资储备应当规模适度、储存安全、调用方便、定期更换，保障战时的需要。
9. ACD，解析：《国防法》第 44 条规定，国防教育贯彻全民参与、长期坚持、讲求实效的方针，实行经常教育与集中教育相结合、普及教育与重点教育相结合、理论教育与行为教育相结合的原则。
10. ABD，解析：《国防法》第 41 条规定，国家根据国防建设和经济建设的需要，确定国防资产的规模、结构和布局，调整和处分国防资产。国防资产的管理机构和占有、使用单位，应当依法管理国防资产，充分发挥国防资产的效能。

11. ABCD，解析：《国防法》第 24 条规定，中华人民共和国武装力量建设坚持走中国特色强军之路，坚持政治建军、改革强军、科技强军、人才强军、依法治军，加强军事训练，开展政治工作，提高保障水平，全面推进军事理论、军队组织形态、军事人员和武器装备现代化，构建中国特色现代作战体系，全面提高战斗力，努力实现党在新时代的强军目标。

（四）填空题

1. 外国；国际组织；条约；协定。（《国防法》第 70 条）
2. 军人家属；烈士家属；因公牺牲；病故军人的家属。（《国防法》第 66 条）
3. 残疾军人；县级以上人民政府。（《国防法》第 65 条）
4. 退役军人保障制度。（《国防法》第 64 条）
5. 军事职业；国民经济发展。（《国防法》第 63 条）
6. 军人功勋荣誉表彰制度；特别保护。（《国防法》第 62 条）
7. 社会主义现代化建设；抢险救灾。（《国防法》第 61 条）
8. 宪法和法律；军事法规。（《国防法》第 60 条）
9. 忠于祖国；忠于中国共产党。（《国防法》第 59 条）
10. 公民和组织；危害国防利益。（《国防法》第 57 条）
11. 习近平新时代中国特色社会主义思想；总体国家安全观。（《国防法》第 4 条）

（五）简答题

1. 答：《国防法》第 14 条规定："国务院领导和管理国防建设事业，行使下列职权：（一）编制国防建设的有关发展规划和计划；（二）制定国防建设方面的有关政策和行政法规；（三）领导和管理国防科研生产；（四）管理国防经费和国防资产；（五）领导和管理国民经济动员工作和人民防空、国防交通等方面的建设和组织实施工作；（六）领导和管理拥军优属工作和退役军人保障工作；（七）与中央军事委员会共同领导民兵的建设，征兵工作，边防、海防、空防和其他重大安全领域防卫的管理工作；（八）法律规定的与国防建设事业有关的其他职权。"
2. 答：《国防法》第 15 条规定："中央军事委员会领导全国武装力量，行使下列职权：（一）统一指挥全国武装力量；（二）决定军事战略和武装力量的作战方针；（三）领导和管理中国人民解放军、中国人民武装警察部队的建设，制定规划、计划并组织实施；（四）向全国人民代表大会或者全国人民代表大会常务委员会提出议案；（五）根据宪法和法律，制定军事法规，发布决定和命令；（六）决定中国人民解放军、中国人民武装警察部队的体制和编制，规定中央军事委员会机关部门、战区、军兵种和中国人民武装警察部队等单位的任务和职责；（七）依照法律、军事法规的规定，任免、培训、考核和奖惩武装力量成员；（八）决定武装力量的武器装备体制，制定武器装备发展规划、计划，协同国务院领导和管理国防科研生产；（九）会同国务院管理国防经费和国防资产；（十）领导和管理人民武装动员、预备役工作；（十一）组织开展国际军事交流与合作；（十二）法律规定的其他职权。”

3. 答：《国防法》第 38 条规定，国家对国防科研生产实行统一领导和计划调控；注重发挥市场机制作用，推进国防科研生产和军事采购活动公平竞争。国家为承担国防科研生产任务和接受军事采购的组织和个人依法提供必要的保障条件和优惠政策。地方各级人民政府应当依法对承担国防科研生产任务和接受军事采购的组织和个人给予协助和支持。承担国防科研生产任务和接受军事采购的组织和个人应当保守秘密，及时高效完成任务，保证质量，提供相应的服务保障。国家对供应武装力量的武器装备和物资、工程、服务，依法实行质量责任追究制度。

四、退役军人保障法

（一）判断题

1. 为了加强退役军人保障工作，维护退役军人合法权益，让军人成为全社会尊崇的职业，根据宪法，制定《退役军人保障法》。（　　）
2. 退役军人，是指从中国人民解放军依法退出现役的军官、军士和义务兵等人员。（　　）
3. 退役军人为国防和军队建设做出了重要贡献，是社会主义现代化建设的重要力量。尊重、关爱退役军人是政府的责任（　　）
4. 退役军人保障工作坚持中国共产党的领导，坚持为经济社会发展服务、为国防和军队建设服务的方针，遵循以人为本、分类保障、服务优先、依法管理的原则。（　　）
5. 退役军人的政治、生活等待遇一律平等（　　）
6. 退役军人应当继续发扬人民军队优良传统，模范遵守宪法和法律法规，保守军事秘密，践行社会主义核心价值观，积极参加社会主义现代化建设。（　　）
7. 军队各级负责退役军人有关工作的部门与县级以上人民政府退役军人工作主管部门应当密切配合，做好退役军人保障工作。（　　）
8. 国家加强退役军人保障工作信息化建设，为退役军人建档立卡，实现有关部门之间信息共享，为提高退役军人保障能力提供支持。（　　）
9. 退役军人安置地人民政府在接收退役军人时，应当举行迎接仪式。迎接仪式由安置地人民政府退役军人工作主管部门负责实施。（　　）
10. 国家推进军人公墓建设。只有烈士才可以安葬在军人公墓。（　　）
11. 退役军人服务中心、服务站点等退役军人服务机构应当加强与退役军人联系沟通，做好退役军人就业创业扶持、优抚帮扶、走访慰问、权益维护等服务保障工作。（　　）

（二）单选题

1. 根据《退役军人保障法》的规定，下列哪个说法是错误的？（　　）
   A. 退役军人保障工作所需经费由中央和地方财政共同负担
   B. 退役军人优待证全国统一制发、统一编号
   C. 军人退役安置的具体办法由国务院、中央军事委员会制定
   D. 对退役的军士，国家采取逐年领取退役金

2. 下列哪种方式不是国家鼓励的为退役军人提供支持和帮助的方式？（　　）
   A. 就业限制　　B. 捐赠
   C. 设立基金　　D. 志愿服务

3. 根据《退役军人保障法》的规定，下列哪个说法是错误的？（　　）
   A. 符合条件的军官和军士退出现役时，其配偶和子女可以按照国家有关规定随调随迁
   B. 各级人民政府加强拥军优属工作，为军人和家属排忧解难
   C. 军人退役安置的具体办法由国务院、中央军事委员会制定
   D. 退役军人退役后与所在单位工作年限不累计计算

4. 下列哪种方式不是《退役军人保障法》所规定的安置退役军人的方式？（　　）
   A. 自主就业　　B. 安排工作
   C. 供养　　D. 义务劳动

5. 下列哪种行为不属于退役军人服务中心、服务站点等退役军人服务机构对于退役军人的义务？（　　）
   A. 就业创业扶持　　B. 提供医疗
   C. 优抚帮扶　　D. 走访慰问

6. 下列哪种行为不属于县级以上人民政府退役军人工作主管部门应当依法指导、督促有关部门和单位做好的工作范围内？（　　）
   A. 抚恤优待　　B. 拥军优属
   C. 分配工作　　D. 褒扬激励

7. 根据《退役军人保障法》的规定，下列哪个说法是错误的？（　　）

A. 退役军人保障工作所需经费由中央和地方财政共同负担
B. 接收退役军人时，向退役军人发放退役军人优待证
C. 退役军人移交接收过程中，发生与其服现役有关的问题，由户籍所在地负责处理
D. 对在退役军人保障工作中做出突出贡献的单位和个人，按照国家有关规定给予表彰、奖励

8. 关于退役军人，下列哪一说法是错误的？（　　）
A. 以供养方式安置的，由国家供养 20 年
B. 退役军人安置工作应当公开、公平、公正
C. 退役军人应当在规定时间内，持军队出具的退役证明到安置地人民政府退役军人工作主管部门报到
D. 机关、群团组织、企业事业单位和社会组织应当依法接收安置退役军人

9. 关于退役军人的保障，下列哪一说法是错误的？（　　）
A. 县级以上人民政府退役军人工作主管部门、接收安置单位和其他组织应当加强对退役军人的保密教育和管理
B. 县级以上人民政府退役军人工作主管部门应当通过广播、电视、报刊、网络等多种渠道宣传与退役军人相关的法律法规和政策制度
C. 公共法律服务有关机构应当依法为退役军人提供法律援助等必要的帮助
D. 中国人民武装警察部队依法退出现役的警官、警士和义务兵等人员，不适用《退役军人保障法》

（三）多选题

1. 根据《退役军人保障法》的规定，下列哪些说法是正确的？（　　）
A. 长期在艰苦边远地区或者特殊岗位服现役的退役军人优先安置
B. 国家建立伤病残退役军人指令性移交安置、收治休养制度
C. 各级人民政府加强拥军优属工作，为军人和家属排忧解难
D. 退役军人在接受学历教育时，按照国家有关规定享受学费和助学金资助等国家教育资助政策

2. 关于退役军人的安置，下列哪些说法是正确的？（　　）
   A. 军人退役安置的具体办法由国务院、中央军事委员会制定
   B. 国家采取政府推动、市场引导、社会支持相结合的方式，鼓励和扶持退役军人就业创业
   C. 各地应当设置一定数量的基层公务员职位，面向服现役满三年的高校毕业生退役军人招考
   D. 用人单位招用退役军人符合国家规定的，依法享受税收优惠等政策
3. 退役军人保障工作坚持中国共产党的领导，坚持为经济社会发展服务、为国防和军队建设服务的方针，遵循（　　）的原则。
   A. 以人为本　　B. 分类保障
   C. 服务优先　　D. 依法管理
4. 对于退役军人的优待，下列哪些说法是正确的？（　　）
   A. 退役军人依法参加养老、医疗、工伤、失业、生育等社会保险，并享受相应待遇
   B. 退役军人凭退役军人优待证等有效证件享受公共交通、文化和旅游等优待
   C. 国家建立退役军人帮扶援助机制，在养老、医疗、住房等方面，对生活困难的退役军人按照国家有关规定给予帮扶援助
   D. 退役军人服现役期间获得表彰、奖励的，退役后按照国家有关规定享受相应待遇
5. 地方各级人民政府应当按照移交接收计划，做好退役军人安置工作，完成退役军人安置任务。哪些单位应当依法接收安置退役军人？（　　）
   A. 机关　　B. 群团组织
   C. 企业事业单位　　D. 社会组织
6. 关于退役军人就业，下列哪些说法是正确的？（　　）
   A. 各级人民政府应当加强对退役军人就业创业的指导和服务
   B. 公共人力资源服务机构应当免费为退役军人提供职业介绍、创业指导等服务
   C. 国家采取政府推动、市场引导、社会支持相结合的方式，鼓励和扶持退役军人就业创业

D. 退役军人服现役年限计算为工龄，退役后与所在单位工作年限累计计算

7. 关于退役军人的保障政策，下列哪些说法是正确的？（　　）

A. 退役军人安置地人民政府在接收退役军人时，应当举行迎接仪式

B. 国家、地方和军队举行重大庆典活动时，应当邀请退役军人代表参加

C. 县级以上人民政府退役军人工作主管部门、接收安置单位和其他组织应当加强对退役军人的保密教育和管理

D. 退役军人从事个体经营，依法享受税收优惠政策

（四）填空题

1. 退役军人优待证全国____，____管理使用办法由国务院退役军人工作主管部门会同有关部门制定。
2. 国家采取____，____，____相结合的方式，鼓励和扶持退役军人就业创业。
3. 国家逐步消除退役军人抚恤优待制度____、缩小____，建立____的抚恤优待量化标准体系。
4. 退役军人符合安置住房优待条件的，实行____相结合，由安置地人民政府统筹规划、科学实施。
5. 县级以上人民政府退役军人工作主管部门应当加强对退役军人先进事迹的宣传，通过制作公益广告、创作主题文艺作品等方式，弘扬____，____，____
6. 退役军人服务中心、服务站点等退役军人服务机构应当加强与退役军人联系沟通，做好退役军人____，____，____，____等服务保障工作。

（五）简答题

1. 退役军人工作主管部门及其工作人员有哪些行为之一的，由其上级主管部门责令改正，对直接负责的主管人员和其他直接责任人员依法给予处分？
2. 县级以上地方人民政府负责地方志工作的机构应当将本行政区域内哪些退役军人的名录和事迹，编辑录入地方志？

3. 对哪些退役军人的随迁子女，优先保障？
4. 转业军官、安排工作的军士和义务兵，由机关、群团组织、事业单位和国有企业接收安置。对于哪些退役军人，优先安置？

参考答案

（一）判断题

1. √，解析：《退役军人保障法》第1条。
2. √，解析：《退役军人保障法》第2条。
3. ×，解析：《退役军人保障法》第3条规定，退役军人为国防和军队建设做出了重要贡献，是社会主义现代化建设的重要力量。尊重、关爱退役军人是全社会的共同责任。国家关心、优待退役军人，加强退役军人保障体系建设，保障退役军人依法享有相应的权益。
4. √，解析：《退役军人保障法》第4条。
5. ×，解析：《退役军人保障法》第5条规定，退役军人保障应当与经济发展相协调，与社会进步相适应。退役军人安置工作应当公开、公平、公正。退役军人的政治、生活等待遇与其服现役期间所做贡献挂钩。国家建立参战退役军人特别优待机制。
6. √，解析：《退役军人保障法》第6条。
7. √，解析：《退役军人保障法》第7条。
8. √，解析：《退役军人保障法》第8条。
9. √，解析：《退役军人保障法》第58条。
10. ×，解析：《退役军人保障法》第64条规定，国家统筹规划烈士纪念设施建设，通过组织开展英雄烈士祭扫纪念活动等多种形式，弘扬英雄烈士精神。退役军人工作主管部门负责烈士纪念设施的修缮、保护和管理。国家推进军人公墓建设。符合条件的退役军人去世后，可以安葬在军人公墓。
11. √，解析：《退役军人保障法》第66条。

（二）单选题

1. D，解析：《退役军人保障法》第9条规定，退役军人保障工作所需经费由中央和地方财政共同负担。退役安置、教育培训、抚恤优待资金主要由中央财政负担。《退役军人保障法》第15条规定，安置地人民政府退役军人工作主管部门在接收退役军人时，向退役军人发放退役军人优待证。退役军人优待证全国统一制发、统一编号，管理使用办法由国务院退役军人工作主管部门会同有关部门制定。《退役军人保障法》第 30 条规定，军人退役安置的具体办法由国务院、中央军事委员会制定。《退役军人保障法》第 22 条第 1 款规定，对退役的军士，国家采取逐月领取退役金、自主就业、安排工作、退休、供养等方式妥善安置。

2. A，解析：《退役军人保障法》第 10 条规定，国家鼓励和引导企业、社会组织、个人等社会力量依法通过捐赠、设立基金、志愿服务等方式为退役军人提供支持和帮助。

3. D，解析：《退役军人保障法》第 29 条第 1 款规定。《退役军人保障法》第 29 条第 2 款规定。符合条件的军官和军士退出现役时，其配偶和子女可以按照国家有关规定随调随迁。《退役军人保障法》第 30 条规定，军人退役安置的具体办法由国务院、中央军事委员会制定。《退役军人保障法》第 44 条规定，退役军人服现役年限计算为工龄，退役后与所在单位工作年限累计计算。

4. D，解析：《退役军人保障法》第 22 条第 1 款规定，对退役的军士，国家采取逐月领取退役金、自主就业、安排工作、退休、供养等方式妥善安置。

5. B，解析：《退役军人保障法》第 66 条规定，退役军人服务中心、服务站点等退役军人服务机构应当加强与退役军人联系沟通，做好退役军人就业创业扶持、优抚帮扶、走访慰问、权益维护等服务保障工作。

6. C，解析：《退役军人保障法》第 71 条规定，县级以上人民政府退役军人工作主管部门应当依法指导、督促有关部门和单位做好退役安置、教育培训、就业创业、抚恤优待、褒扬激励、拥军优属等工作，监督检查退役军人保障相关法律法规和政策措施落实情况，推进解决退役军人保障工作中存在的问题。

7. C，解析：《退役军人保障法》第 9 条规定，退役军人保障工作所需经费由中央和地方财政共同负担。退役安置、教育培训、抚恤优待资金主要由中央财政负担。《退役军人保障法》第 15 条规定，安置地人民政府退役军人工作主管部门在接收退役军人时，向退役军人发放退役军人优待证。退役军人优待证全国统一制发、统一编号，管理使用办法由国务院退役军人工作主管部门会同有关部门制定。《退役军人保障法》第 11 条规定，对在退役军人保障工作中做出突出贡献的单位和个人，按照国家有关规定给予表彰、奖励。《退役军人保障法》第 19 条规定，退役军人移交接收过程中，发生与其服现役有关的问题，由原所在部队负责处理；发生与其安置有关的问题，由安置地人民政府负责处理；发生其他移交接收方面问题的，由安置地人民政府负责处理，原所在部队予以配合。退役军人原所在部队撤销或者转隶、合并的，由原所在部队的上级单位或者转隶、合并后的单位按照前款规定处理。

8. A，解析：《退役军人保障法》第 5 条规定，退役军人保障应当与经济发展相协调，与社会进步相适应。退役军人安置工作应当公开、公平、公正。退役军人的政治、生活等待遇与其服现役期间所做贡献挂钩。国家建立参战退役军人特别优待机制。《退役军人保障法》第 14 条规定，退役军人应当在规定时间内，持军队出具的退役证明到安置地人民政府退役军人工作主管部门报到。《退役军人保障法》第 20 条规定，地方各级人民政府应当按照移交接收计划，做好退役军人安置工作，完成退役军人安置任务。机关、群团组织、企业事业单位和社会组织应当依法接收安置退役军人，退役军人应当接受安置。《退役军人保障法》第 23 条规定，对退役的义务兵，国家采取自主就业、安排工作、供养等方式妥善安置。以自主就业方式安置的，领取一次性退役金。以安排工作方式安置的，由安置地人民政府根据其服现役期间所做贡献、专长等安排工作岗位。以供养方式安置的，由国家供养终身。

9. D，解析：《退役军人保障法》第 68 条规定，县级以上人民政府退役军人工作主管部门、接收安置单位和其他组织应当加强对退役军人的保密教育和管理。《退役军人保障法》第 69 条规定，县级以上人民政府退役军人工作主管部门应当通过广播、电视、报刊、网络等多种渠道宣传与退役军人相关的法律法规和政策制度。《退役军人保障法》第 70 条规定，县级以上人民政府退役军人工作主管部门应当建立健全退役军人权益保障机制，畅通诉求表达渠道，为退役军人维护其合法权益提供支持和帮助。退役军人的合法权益受到侵害，应当依法解决。公共法律服务有关机构应当依法为退役军人提供法律援助等必要的帮助。《退役军人保障法》第 81 条规定，中国人民武装警察部队依法退出现役的警官、警士和义务兵等人员，适用本法。

（三）多选题

1. ABCD，解析：《退役军人保障法》第 25 条规定：“转业军官、安排工作的军士和义务兵，由机关、群团组织、事业单位和国有企业接收安置。对下列退役军人，优先安置：（一）参战退役军人；（二）担任作战部队师、旅、团、营级单位主官的转业军官；（三）属于烈士子女、功臣模范的退役军人；（四）长期在艰苦边远地区或者特殊岗位服现役的退役军人。”《退役军人保障法》第 28 条规定，国家建立伤病残退役军人指令性移交安置、收治休养制度。军队有关部门应当及时将伤病残退役军人移交安置地人民政府安置。安置地人民政府应当妥善解决伤病残退役军人的住房、医疗、康复、护理和生活困难。《退役军人保障法》第 29 条第 1 款规定，各级人民政府加强拥军优属工作，为军人和家属排忧解难。《退役军人保障法》第 34 条第 1 款规定，退役军人在接受学历教育时，按照国家有关规定享受学费和助学金资助等国家教育资助政策。

2. ABD，解析：《退役军人保障法》第 30 条规定，军人退役安置的具体办法由国务院、中央军事委员会制定。《退役军人保障法》第 38 条规定，国家采取政府推动、市场引导、社会支持相结合的方式，鼓励和扶持退役军人就业创业。《退役军人保障法》第 43 条第 1 款规定，各地应当设置一定数量的基层公务员职位，面向服现役满五年的高校毕业生退役军人招考。
《退役军人保障法》第 47 条规定，用人单位招用退役军人符合国家规定的，依法享受税收优惠等政策。

3. ABCD，解析：《退役军人保障法》第 4 条规定，退役军人保障工作坚持中国共产党的领导，坚持为经济社会发展服务、为国防和军队建设服务的方针，遵循以人为本、分类保障、服务优先、依法管理的原则。

4. ABCD，解析：《退役军人保障法》第 50 条规定，退役军人依法参加养老、医疗、工伤、失业、生育等社会保险，并享受相应待遇。退役军人服现役年限与入伍前、退役后参加职工基本养老保险、职工基本医疗保险、失业保险的缴费年限依法合并计算。《退役军人保障法》第 53 条规定，退役军人凭退役军人优待证等有效证件享受公共交通、文化和旅游等优待，具体办法由省级人民政府制定。《退役军人保障法》第 55 条规定，国家建立退役军人帮扶援助机制，在养老、医疗、住房等方面，对生活困难的退役军人按照国家有关规定给予帮扶援助。《退役军人保障法》第 57 条规定，国家建立退役军人荣誉激励机制，对在社会主义现代化建设中做出突出贡献的退役军人予以表彰、奖励。退役军人服现役期间获得表彰、奖励的，退役后按照国家有关规定享受相应待遇。

5. ABCD，解析：《退役军人保障法》第 20 条规定，地方各级人民政府应当按照移交接收计划，做好退役军人安置工作，完成退役军人安置任务。机关、群团组织、企业事业单位和社会组织应当依法接收安置退役军人，退役军人应当接受安置。

6. ABCD，解析：《退役军人保障法》第 39 条第 1 款规定，各级人民政府应当加强对退役军人就业创业的指导和服务。《退役军人保障法》第 41 条规定，公共人力资源服务机构应当免费为退役军人提供职业介绍、创业指导等服务。国家鼓励经营性人力资源服务机构和社会组织为退役军人就业创业提供免费或者优惠服务。退役军人未能及时就业的，在人力资源和社会保障部门办理求职登记后，可以按照规定享受失业保险待遇。《退役军人保障法》第 38 条规定，国家采取政府推动、市场引导、社会支持相结合的方式，鼓励和扶持退役军人就业创业。《退役军人保障法》第 44 条规定，退役军人服现役年限计算为工龄，退役后与所在单位工作年限累计计算。

7. ABCD，解析：《退役军人保障法》第 58 条规定，退役军人安置地人民政府在接收退役军人时，应当举行迎接仪式。迎接仪式由安置地人民政府退役军人工作主管部门负责实施。《退役军人保障法》第 60 条规定，国家、地方和军队举行重大庆典活动时，应当邀请退役军人代表参加。被邀请的退役军人参加重大庆典活动时，可以穿着退役时的制式服装，佩戴服现役期间和退役后荣获的勋章、奖章、纪念章等徽章。《退役军人保障法》第 68 条规定，县级以上人民政府退役军人工作主管部门、接收安置单位和其他组织应当加强对退役军人的保密教育和管理。《退役军人保障法》第 46 条规定，退役军人创办小微企业，可以按照国家有关规定申请创业担保贷款，并享受贷款贴息等融资优惠政策。退役军人从事个体经营，依法享受税收优惠政策。

（四）填空题

1. 统一制发；统一编号。（《退役军人保障法》第 15 条）
2. 政府推动；市场引导；社会支持。（《退役军人保障法》第 38 条）
3. 城乡差异；地区差异；统筹平衡。（《退役军人保障法》第 49 条）
4. 市场购买与军地集中统建。（《退役军人保障法》第 51 条）
5. 爱国主义精神；革命英雄主义精神；退役军人敬业奉献精神。（《退役军人保障法》第 62 条）
6. 就业创业扶持；优抚帮扶；走访慰问；权益维护。（《退役军人保障法》第 66 条）

（五）简答题

1. 答：《退役军人保障法》第 75 条规定：“退役军人工作主管部门及其工作人员有下列行为之一的，由其上级主管部门责令改正，对直接负责的主管人员和其他直接责任人员依法给予处分：（一）未按照规定确定退役军人安置待遇的；（二）在退役军人安置工作中出具虚假文件的；（三）为不符合条件的人员发放退役军人优待证的；（四）挪用、截留、私分退役军人保障工作经费的；（五）违反规定确定抚恤优待对象、标准、数额或者给予退役军人相关待遇的；（六）在退役军人保障工作中利用职务之便为自己或者他人谋取私利的；（七）在退役军人保障工作中失职渎职的；（八）有其他违反法律法规行为的。

2. 答：《退役军人保障法》第 63 条规定："县级以上地方人民政府负责地方志工作的机构应当将本行政区域内下列退役军人的名录和事迹，编辑录入地方志：（一）参战退役军人；（二）荣获二等功以上奖励的退役军人；（三）获得省部级或者战区级以上表彰的退役军人；（四）其他符合条件的退役军人。"

3. 答：《退役军人保障法》第 29 条规定："各级人民政府加强拥军优属工作，为军人和家属排忧解难。符合条件的军官和军士退出现役时，其配偶和子女可以按照国家有关规定随调随迁。随调配偶在机关或者事业单位工作，符合有关法律法规规定的，安置地人民政府负责安排到相应的工作单位；随调配偶在其他单位工作或者无工作单位的，安置地人民政府应当提供就业指导，协助实现就业。随迁子女需要转学、入学的，安置地人民政府教育行政部门应当予以及时办理。对下列退役军人的随迁子女，优先保障：（一）参战退役军人；（二）属于烈士子女、功臣模范的退役军人；（三）长期在艰苦边远地区或者特殊岗位服现役的退役军人；（四）其他符合条件的退役军人。"

4. 答：《退役军人保障法》第 25 条规定："转业军官、安排工作的军士和义务兵，由机关、群团组织、事业单位和国有企业接收安置。对下列退役军人，优先安置：（一）参战退役军人；（二）担任作战部队师、旅、团、营级单位主官的转业军官；（三）属于烈士子女、功臣模范的退役军人；（四）长期在艰苦边远地区或者特殊岗位服现役的退役军人。"

五、军人保险法

（一）判断题

1. 为了规范军人保险关系，维护军人合法权益，促进国防和军队建设，制定本法。(　　)
2. 军人伤亡保险、退役养老保险、退役医疗保险和随军未就业的军人配偶保险的建立、缴费和转移接续等适用本法。(　　)
3. 军人保险制度应当体现军人职业特点，与社会保险制度相衔接，超越经济社会发展水平。(　　)
4. 国家促进军人保险事业的发展，为军人保险提供财政拨款和政策支持。(　　)
5. 军队后勤部门负责全军的军人保险工作。(　　)
6. 军人依法参加军人保险并享受相应的保险待遇。(　　)
7. 军人因战、因公死亡的，按照同样的保险金标准，给付军人死亡保险金。(　　)
8. 军人因战、因公、因病致残的，按照评定的残疾等级和相应的保险金标准，给付军人残疾保险金。(　　)

（二）单选题

1. 根据《军人保险法》规定，下列哪一选项的说法是错误的？(　　)
   A. 军人伤亡保险所需资金由国家承担，个人不缴纳保险费
   B. 军人退出现役参加基本养老保险的，国家给予退役养老保险补助
   C. 军人退出现役后参加新型农村合作医疗或者城镇居民基本医疗保险的，按照国家有关规定办理
   D. 军人保险基金由政府集中管理
2. 军人因(　　)死亡或致残的，享受军人伤亡保险待遇。
   A. 故意犯罪　　　　B. 醉酒

C. 公务　　　　　　　　　　　　D. 吸毒

3. 关于军人参加保险，下列哪一选项的说法是错误的？（　　）

A. 军人退出现役后参加新型农村社会养老保险或者城镇居民社会养老保险的，按照国家有关规定办理转移接续手续

B. 军人退出现役采取退休方式安置的，其养老办法按照国务院和中央军事委员会的有关规定执行

C. 军人入伍前已经参加基本医疗保险的，由地方社会保险经办机构和军队后勤（联勤）机关财务部门办理基本医疗保险关系转移接续手续

D. 随军未就业的军人配偶参加保险，免除养老保险费和医疗保险费用

4. 关于军人保险费用，下列哪一选项的说法是错误的？（　　）

A. 军人保险基金由个人缴费、中央财政负担的军人保险资金以及利息收入等资金构成

B. 随军未就业的军人配偶应当缴纳的保险费，由军人配偶所在单位代扣代缴

C. 中央财政负担的军人保险资金，由国务院财政部门纳入年度国防费预算

D. 军人保险基金按照国家和军队的预算管理制度，实行预算、决算管理

5. 关于军人死亡、残疾的保险赔偿，下列哪一选项的说法是错误的？（　　）

A. 军人死亡和残疾的性质认定、残疾等级评定和相应的保险金标准，仅按照国家有关规定执行

B. 军人因战、因公、因病致残的，按照评定的残疾等级和相应的保险金标准，给付军人残疾保险金

C. 军人因战、因公死亡的，按照认定的死亡性质和相应的保险金标准，给付军人死亡保险金

D. 已经评定残疾等级的因战、因公致残的军人退出现役参加工作后旧伤复发的，依法享受相应的工伤待遇

6. 以下哪种保险的建立、缴费和转移接续不适用于《军人保险法》？（　　）

A. 退役养老保险

B. 军人父母养老保险

C. 军人伤亡保险

D. 随军未就业的军人配偶保险

（三）多选题

1. 根据《军人保险法》规定，下列哪些选项的说法是正确的？（　　）

A. 军人保险基金管理机构应当严格管理军人保险基金，保证基金安全

B. 军队后勤（联勤）机关财务部门应当按时足额支付军人保险金

C. 军人保险信息系统由中国人民解放军总后勤部负责统一建设

D. 军队后勤（联勤）机关、地方社会保险行政部门，应当对单位和个人遵守本法的情况进行监督检查

2. 关于军人保险制度，下列哪些选项的说法是正确的？（　　）

A. 国家根据社会保险制度的发展，适时补充完善军人保险制度

B. 军人依法参加军人保险并享受相应的保险待遇

C. 军人退出现役参加基本养老保险的，国家给予退役养老保险补助

D. 军人退出现役后参加新型农村社会养老保险或者城镇居民社会养老保险的，按照国家有关规定办理转移接续手续

3. 军队后勤（联勤）机关财务部门负责承办（　　）等工作。

A. 军人保险登记　　B. 军人配偶保险登记

C. 个人权益记录　　D. 军人保险待遇支付

4. 军人（　　）的，按照评定的残疾等级和相应的保险金标准，给付军人残疾保险金。

A. 因战致残　　B. 因公致残

C. 因私致残　　D. 因病致残

5. 军队后勤（联勤）机关财务部门、社会保险经办机构，有下列哪些情形之一的，由军队后勤（联勤）机关或者社会保险行政部门责令改正；对直接负责的主管人员和其他直接责任人员依法给予处分；造成损失的，依法承担赔偿责任？（　　）

A. 不按照规定建立、转移接续军人保险关系的

B. 不按照规定收缴、上缴个人缴纳的保险费的

C. 不按照规定给付军人保险金的

D. 篡改或者丢失个人缴费记录等军人保险档案资料的

6. 以(　　)等手段骗取军人保险待遇的，由军队后勤（联勤）机关和社会保险行政部门责令限期退回，并依法给予处分。

A. 欺诈　　B. 胁迫

C. 威胁　　D. 伪造证明材料

（四）填空题

1. 为了规范军人____，维护军人____，促进国防和军队____，制定本法。
2. 军人保险基金按照国家和军队的____，实行____管理。
3. 军人退役医疗保险____和____，由中国人民解放军总后勤部会同国务院有关部门，按照国家规定的____、____等因素确定。
4. 随军未就业的军人配偶实现就业或者军人退出现役时，由军队后勤（联勤）机关财务部门将其养老保险、医疗保险关系和相应资金转入地方社会保险经办机构，地方社会保险经办机构办理相应的____。
5. 军人退出现役到____或者参照公务员法管理的工作人员岗位的，以及现役军官、文职干部退出现役____的，其养老保险办法按照国家有关规定执行。
6. 参加军人退役医疗保险的军官、文职干部和士官应当缴纳____，国家按照个人缴纳的军人退役医疗保险费的____给予补助。

（五）简答题

军人因哪些情形之一死亡或者致残的，不享受军人伤亡保险待遇？

参考答案

（一）判断题

1. √，解析：《军人保险法》第1条。
2. √，解析：《军人保险法》第2条。
3. ×，解析：《军人保险法》第3条规定，军人保险制度应当体现军人职业特点，与社会保险制度相衔接，与经济社会发展水平相适应。国家根据社会保险制度的发展，适时补充完善军人保险制度。

4. √，解析：《军人保险法》第 4 条。

5. ×，解析：《军人保险法》第 5 条规定，中国人民解放军军人保险主管部门负责全军的军人保险工作。国务院社会保险行政部门、财政部门和军队其他有关部门在各自职责范围内负责有关的军人保险工作。军队后勤（联勤）机关财务部门负责承办军人保险登记、个人权益记录、军人保险待遇支付等工作。军队后勤（联勤）机关财务部门和地方社会保险经办机构，按照各自职责办理军人保险与社会保险关系转移接续手续。

6. √，解析：《军人保险法》第 6 条。

7. ×，解析：《军人保险法》第 7 条规定，军人因战、因公死亡的，按照认定的死亡性质和相应的保险金标准，给付军人死亡保险金。

8. √，解析：《军人保险法》第 8 条。

（二）单选题

1. D，解析：《军人保险法》第 12 条规定，军人伤亡保险所需资金由国家承担，个人不缴纳保险费。《军人保险法》第 13 条规定，军人退出现役参加基本养老保险的，国家给予退役养老保险补助。《军人保险法》第 24 条规定，军人退出现役后参加新型农村合作医疗或者城镇居民基本医疗保险的，按照国家有关规定办理。《军人保险法》第 36 条规定，军人保险基金由中国人民解放军总后勤部军人保险基金管理机构集中管理。军人保险基金管理机构应当严格管理军人保险基金，保证基金安全。

2. C，解析：《军人保险法》第 7 条规定："军人因战、因公死亡的，按照认定的死亡性质和相应的保险金标准，给付军人死亡保险金。"《军人保险法》第 10 条规定："军人因下列情形之一死亡或者致残的，不享受军人伤亡保险待遇：（一）故意犯罪的；（二）醉酒或者吸毒的；（三）自残或者自杀的；（四）法律、行政法规和军事法规规定的其他情形。"

3. D，解析：《军人保险法》第 17 条规定，军人退出现役后参加新型农村社会养老保险或者城镇居民社会养老保险的，按照国家有关规定办理转移接续手续。《军人保险法》第 19 条规定，军人退出现役采取退休方式安置的，其养老办法按照国务院和中央军事委员会的有关规定执行。《军人保险法》第 22 条规定，军人入伍前已经参加基本医疗保险的，由地方社会保险经办机构和军队后勤（联勤）机关财务部门办理基本医疗保险关系转移接续手续。《军人保险法》第 25 条规定，国家为随军未就业的军人配偶建立养老保险、医疗保险等。随军未就业的军人配偶参加保险，应当缴纳养老保险费和医疗保险费，国家给予相应的补助。随军未就业的军人配偶保险个人缴费标准和国家补助标准，按照国家有关规定执行。

4. B，解析：《军人保险法》第 31 条规定，军人保险基金由个人缴费、中央财政负担的军人保险资金以及利息收入等资金构成。《军人保险法》第 32 条规定，军人应当缴纳的保险费，由其所在单位代扣代缴。随军未就业的军人配偶应当缴纳的保险费，由军人所在单位代扣代缴。《军人保险法》第 33 条规定，中央财政负担的军人保险资金，由国务院财政部门纳入年度国防费预算。《军人保险法》第 34 条规定，军人保险基金按照国家和军队的预算管理制度，实行预算、决算管理。
5. A，解析：《军人保险法》第 7 条规定，军人因战、因公死亡的，按照认定的死亡性质和相应的保险金标准，给付军人死亡保险金。《军人保险法》第 8 条规定，军人因战、因公、因病致残的，按照评定的残疾等级和相应的保险金标准，给付军人残疾保险金。《军人保险法》第 9 条规定，军人死亡和残疾的性质认定、残疾等级评定和相应的保险金标准，按照国家和军队有关规定执行。《军人保险法》第 11 条规定，已经评定残疾等级的因战、因公致残的军人退出现役参加工作后旧伤复发的，依法享受相应的工伤待遇。
6. B，解析：《军人保险法》第 2 条规定，国家建立军人保险制度。军人伤亡保险、退役养老保险、退役医疗保险和随军未就业的军人配偶保险的建立、缴费和转移接续等适用本法。

（三）多选题

1. ABCD，解析：《军人保险法》第 36 条规定，军人保险基金由中国人民解放军总后勤部军人保险基金管理机构集中管理。军人保险基金管理机构应当严格管理军人保险基金，保证基金安全。《军人保险法》第 38 条规定，军队后勤（联勤）机关财务部门和地方社会保险经办机构应当建立健全军人保险经办管理制度。军队后勤（联勤）机关财务部门应当按时足额支付军人保险金。军队后勤（联勤）机关财务部门和地方社会保险经办机构应当及时办理军人保险和社会保险关系转移接续手续。《军人保险法》第 40 条规定，军人保险信息系统由中国人民解放军总后勤部负责统一建设。《军人保险法》第 42 条规定，军队后勤（联勤）机关、地方社会保险行政部门，应当对单位和个人遵守本法的情况进行监督检查。军队后勤（联勤）机关、地方社会保险行政部门实施监督检查时，被检查单位和个人应当如实提供与军人保险有关的资料，不得拒绝检查或者谎报、瞒报。

2. ABCD，解析：《军人保险法》第3条规定，军人保险制度应当体现军人职业特点，与社会保险制度相衔接，与经济社会发展水平相适应。国家根据社会保险制度的发展，适时补充完善军人保险制度。《军人保险法》第6条规定，军人依法参加军人保险并享受相应的保险待遇。军人有权查询、核对个人缴费记录和个人权益记录，要求军队后勤（联勤）机关财务部门和地方社会保险经办机构依法办理养老、医疗等保险关系转移接续手续，提供军人保险和社会保险咨询等相关服务。《军人保险法》第13条规定，军人退出现役参加基本养老保险的，国家给予退役养老保险补助。《军人保险法》第17条规定，军人退出现役后参加新型农村社会养老保险或者城镇居民社会养老保险的，按照国家有关规定办理转移接续手续。

3. ACD，解析：《军人保险法》第5条规定，军队后勤（联勤）机关财务部门负责承办军人保险登记、个人权益记录、军人保险待遇支付等工作。

4. ABD，解析：《军人保险法》第8条规定，军人因战、因公、因病致残的，按照评定的残疾等级和相应的保险金标准，给付军人残疾保险金。

5. ABC，解析：《军人保险法》第45条规定："军队后勤（联勤）机关财务部门、社会保险经办机构，有下列情形之一的，由军队后勤（联勤）机关或者社会保险行政部门责令改正；对直接负责的主管人员和其他直接责任人员依法给予处分；造成损失的，依法承担赔偿责任：（一）不按照规定建立、转移接续军人保险关系的；（二）不按照规定收缴、上缴个人缴纳的保险费的；（三）不按照规定给付军人保险金的；（四）篡改或者丢失个人缴费记录等军人保险档案资料的；（五）泄露军队单位和军人的信息的；（六）违反规定划拨、存储军人保险基金的；（七）有违反法律、法规损害军人保险权益的其他行为的。"

6. AD，解析：《军人保险法》第47条规定，以欺诈、伪造证明材料等手段骗取军人保险待遇的，由军队后勤（联勤）机关和社会保险行政部门责令限期退回，并依法给予处分。

（四）填空题

1. 保险关系；合法权益；建设。（《军人保险法》第1条）
2. 预算管理制度；预算、决算。（《军人保险法》第34条）
3. 个人缴费标准；国家补助标准；缴费比例；军人工资水平。（《军人保险法》第21条）

4. 转移接续手续。(《军人保险法》第 27 条)
5. 公务员岗位；自主择业。(《军人保险法》第 18 条)
6. 军人退役医疗保险费；同等数额。(《军人保险法》第 20 条)

(五) 简答题

答:《军人保险法》第 10 条规定:“军人因下列情形之一死亡或者致残的，不享受军人伤亡保险待遇:(一) 故意犯罪的;(二) 醉酒或者吸毒的;(三) 自残或者自杀的;(四) 法律、行政法规和军事法规规定的其他情形。”

六、英雄烈士保护法

（一）判断题

1. 为了加强对英雄烈士的保护，维护社会公共利益，传承和弘扬英雄烈士精神、爱国主义精神，培育和践行社会主义核心价值观，激发实现中华民族伟大复兴中国梦的强大精神力量，根据宪法，制定本法。（　　）
2. 国家和人民永远尊崇、铭记英雄烈士为国家、人民和民族作出的牺牲和贡献。（　　）
3. 国家保护英雄烈士，对英雄烈士予以褒扬、纪念，加强对英雄烈士事迹和精神的宣传、教育，维护英雄烈士尊严和合法权益。（　　）
4. 英雄烈士保护工作经费不列入县级以上人民政府的本级预算。（　　）
5. 每年 10 月 1 日为烈士纪念日，国家在首都北京天安门广场人民英雄纪念碑前举行纪念仪式，缅怀英雄烈士。（　　）
6. 在清明节和重要纪念日，机关、团体、乡村、社区、学校、企业事业单位和军队有关单位根据实际情况，组织开展英雄烈士纪念活动。（　　）
7. 人民英雄纪念碑及其名称、碑题、碑文、浮雕、图形、标志等受法律保护。（　　）
8. 中央财政对革命老区、民族地区、边疆地区、贫困地区英雄烈士纪念设施的修缮保护，应当按照国家规定予以补助。（　　）

（二）单选题

1. 关于有关国家部门对于英雄烈士的责任，下列哪一说法是错误的？（　　）

   A. 军队有关部门按照国务院、中央军事委员会的规定，做好英雄烈士保护工作

   B. 安葬英雄烈士时，县级以上人民政府、军队有关部门应当举行庄严、肃穆、文明、节俭的送迎、安葬仪式

C. 国家鼓励和支持开展对英雄烈士事迹和精神的研究，以辩证唯物主义和历史唯物主义为指导认识和记述历史

D. 省级以上人民政府有关部门应当为英雄烈士遗属祭扫提供便利

2. 下列哪一说法不符合《英雄烈士保护法》的规定？（　　）

A. 英雄烈士在国外安葬的，中华人民共和国驻该国外交、领事代表机构应当结合驻在国实际情况组织开展祭扫活动

B. 国家鼓励和支持革命老区发挥当地资源优势，开展英雄烈士事迹和精神的研究、宣传和教育工作

C. 国务院有关部门、军队有关部门和地方人民政府应当关心英雄烈士遗属的生活情况，每月定期走访慰问英雄烈士遗属

D. 公安、文化、新闻出版、广播电视、电影、网信、市场监督管理、负责英雄烈士保护工作的部门发现不符规定行为的，应当依法及时处理

3. 对于侵害英雄烈士权益的行为，下列哪一说法是错误的？（　　）

A. 侵占、破坏、污损英雄烈士纪念设施的，由省级以上人民政府负责英雄烈士保护工作的部门责令改正

B. 对侵害英雄烈士的姓名、肖像、名誉、荣誉的行为，英雄烈士的近亲属可以依法向人民法院提起诉讼

C. 禁止歪曲、丑化、亵渎、否定英雄烈士事迹和精神

D. 任何组织和个人有权对侵害英雄烈士合法权益和其他违反本法规定的行为，向负责英雄烈士保护工作的部门、网信、公安等有关部门举报，接到举报的部门应当依法及时处理

4. 关于宣传英雄烈士精神、缅怀英雄烈士，下列哪一项不符合《英雄烈士保护法》的规定？（　　）

A. 英雄烈士事迹和精神是中华民族的共同历史记忆和社会主义核心价值观的重要体现

B. 教育行政部门应当以基层群众为重点，将英雄烈士事迹和精神的宣传教育纳入国民教育体系

C. 县级以上地方人民政府、军队有关部门应当在烈士纪念日举行纪念活动

D. 国家建立并保护英雄烈士纪念设施，纪念、缅怀英雄烈士

5. 关于保护、优待英雄烈士的制度，下列哪一说法是正确的？（　　）
   A. 以侮辱、诽谤或者其他方式侵害英雄烈士的姓名、肖像、名誉、荣誉，损害社会公共利益的，依法承担民事责任
   B. 任何组织和个人有权对侵害英雄烈士合法权益和其他违反本法规定的行为，向负责英雄烈士保护工作的部门、网信、公安等有关部门举报，接到举报的部门应当依法及时处理
   C. 国家实行英雄烈士抚恤优待制度
   D. 国家鼓励和支持开展对英雄烈士事迹和精神的研究，以英雄主义为指导认识和记述历史
6. 下列选项中，与发扬英雄烈士精神、保护英雄烈士的规定相违背的是：（　　）
   A. 国家保护英雄烈士，对英雄烈士予以褒扬、纪念，加强对英雄烈士事迹和精神的宣传、教育，维护英雄烈士尊严和合法权益
   B. 军队有关部门按照国务院、中央军事委员会的规定，做好英雄烈士保护工作
   C. 只有人民英雄纪念碑及其名称、碑题、碑文受法律保护
   D. 安葬英雄烈士时，县级以上人民政府、军队有关部门应当举行庄严、肃穆、文明、节俭的送迎、安葬仪式

（三）多选题

1. 下列关于英雄烈士纪念、保护的说法，哪些是正确的？（　　）
   A. 英雄烈士事迹和精神是中华民族的共同历史记忆和社会主义核心价值观的重要体现
   B. 英雄烈士纪念设施应当免费向社会开放，供公众瞻仰、悼念英雄烈士，开展纪念教育活动，告慰先烈英灵
   C. 县级以上人民政府有关部门应当为英雄烈士遗属祭扫提供便利
   D. 自然人、法人和非法人组织捐赠财产用于英雄烈士保护的，依法享受税收优惠
2. 关于英雄烈士纪念活动，下列哪些说法符合《英雄烈士保护法》的规定？（　　）

A. 举行英雄烈士纪念活动，邀请英雄烈士遗属全体参加

B. 在清明节和重要纪念日，机关、团体、乡村、社区、学校、企业事业单位和军队有关单位根据实际情况，组织开展英雄烈士纪念活动

C. 国家建立并保护英雄烈士纪念设施，纪念、缅怀英雄烈士

D. 国家鼓励和支持开展对英雄烈士事迹和精神的研究，以辩证唯物主义和历史唯物主义为指导认识和记述历史

3. 根据《英雄烈士保护法》中国家机构与社会机关对于英雄烈士的保护要求，下列哪些说法是正确的？（　　）

A. 负责英雄烈士保护工作的部门和其他有关部门在履行职责过程中发现侵害英雄烈士名誉的行为，需要检察机关提起诉讼的，应当向检察机关报告

B. 国务院有关部门、军队有关部门和地方人民政府应当关心英雄烈士遗属的生活情况，每年定期走访慰问英雄烈士遗属

C. 广播电台、电视台、报刊出版单位、互联网信息服务提供者，应当通过播放或者刊登英雄烈士题材作品、发布公益广告、开设专栏等方式，广泛宣传英雄烈士事迹和精神

D. 国家建立健全英雄烈士祭扫制度和礼仪规范，引导公民庄严有序地开展祭扫活动

4. 下列哪些做法符合依法践行纪念英雄、宣传英雄烈士精神的规定？（　　）

A. 英雄烈士纪念设施应当免费向社会开放，供公众瞻仰、悼念英雄烈士，开展纪念教育活动，告慰先烈英灵

B. 安葬英雄烈士时，县级以上人民政府、军队有关部门应当举行庄严、肃穆、文明、节俭的送迎、安葬仪式

C. 国家鼓励和支持开展对英雄烈士事迹和精神的研究，以辩证唯物主义和历史唯物主义为指导认识和记述历史

D. 广播电台、电视台、报刊出版单位、互联网信息服务提供者，应当通过播放或者刊登英雄烈士题材作品、发布公益广告、开设专栏等方式，广泛宣传英雄烈士事迹和精神

5. 下列哪些活动符合《英雄烈士保护法》对于群众与机关的纪念英雄活动的要求？（　　）
   A. 全社会都应当崇尚、学习、捍卫英雄烈士
   B. 在清明节和重要纪念日，机关、团体、乡村、社区、学校、企业事业单位和军队有关单位根据实际情况，组织开展英雄烈士纪念活动
   C. 中央财政对革命老区、民族地区、边疆地区、贫困地区英雄烈士纪念设施的修缮保护，应当按照军队规定予以补助
   D. 英雄烈士纪念设施应当免费向社会开放，供公众瞻仰、悼念英雄烈士，开展纪念教育活动，告慰先烈英灵
6. 下列哪些行为是保护英雄烈士的正确做法？（　　）
   A. 安葬英雄烈士时，县级以上人民政府、军队有关部门应当举行庄严、肃穆、文明、节俭的送迎、安葬仪式
   B. 国家保护英雄烈士，对英雄烈士予以褒扬、纪念，加强对英雄烈士事迹和精神的宣传、教育，维护英雄烈士尊严和合法权益
   C. 对侵害英雄烈士的姓名、肖像、名誉、荣誉的行为，任何公民都可以依法向人民法院提起诉讼
   D. 亵渎、否定英雄烈士事迹和精神，宣扬、美化侵略战争和侵略行为，寻衅滋事，扰乱公共秩序，构成违反治安管理行为的，由公安机关依法给予治安管理处罚

（四）填空题

1. 英雄烈士纪念设施应当免费向社会开放，供公众____、____英雄烈士，开展纪念教育活动，告慰先烈英灵。
2. 国家鼓励和支持____以捐赠财产、义务宣讲英雄烈士事迹和精神、帮扶英雄烈士遗属等公益活动的方式，参与英雄烈士保护工作。
3. 任何组织和个人有权对____和其他违反本法规定的行为，向负责英雄烈士保护工作的部门、网信、公安等有关部门举报，接到举报的部门应当____。
4. 县级以上人民政府有关部门及其工作人员在英雄烈士保护工作中____、____、____的，对直接负责的主管人员和其他直接责任人员，依法给予

处分；构成犯罪的，依法追究刑事责任。

5. 国家建立健全英雄烈士____和____，引导公民庄严有序地开展祭扫活动。

（五）简答题

1. 简述英雄烈士抚恤优待制度。
2. 简述侵占、破坏、污损英雄烈士纪念设施的后果。
3. 简述《英雄烈士保护法》中“禁止歪曲、丑化、亵渎、否定英雄烈士事迹和精神”的有关规定。

参考答案

（一）判断题

1. √，解析：《英雄烈士保护法》第 1 条。
2. √，解析：《英雄烈士保护法》第 2 条。
3. √，解析：《英雄烈士保护法》第 3 条。
4. ×，解析：《英雄烈士保护法》第 4 条第 4 款规定，县级以上人民政府应当将英雄烈士保护工作经费列入本级预算。
5. ×，解析：《英雄烈士保护法》第 5 条规定，每年 9 月 30 日为烈士纪念日，国家在首都北京天安门广场人民英雄纪念碑前举行纪念仪式，缅怀英雄烈士。县级以上地方人民政府、军队有关部门应当在烈士纪念日举行纪念活动。举行英雄烈士纪念活动，邀请英雄烈士遗属代表参加。
6. √，解析：《英雄烈士保护法》第 6 条。
7. √，解析：《英雄烈士保护法》第 7 条。
8. √，解析：《英雄烈士保护法》第 8 条。

（二）单选题

1. D，解析：《英雄烈士保护法》第 4 条规定，各级人民政府应当加强对英雄烈士的保护，将宣传、弘扬英雄烈士事迹和精神作为社会主义精神文明建设的重要内容。县级以上人民政府负责英雄烈士保护工作的部门和其他有关部门应当依法履行职责，做好英雄烈士保护工作。军队有关部门按照国务院、中央军事委员会的规定，做好英雄烈士保护工作。县级以上人民政府应当将英雄烈士保护工作经费列入本级预算。《英雄烈士保护法》第 11 条规定，安葬英雄烈士时，县级以上人民政府、军队有关部门应当举行庄严、肃穆、文明、节俭的送迎、安葬仪式。《英雄烈士保护法》第15条规定，国家鼓励和支持开展对英雄烈士事迹和精神的研究，以辩证唯物主义和历史唯物主义为指导认识和记述历史。《英雄烈士保护法》第12条规定，国家建立健全英雄烈士祭扫制度和礼仪规范，引导公民庄严有序地开展祭扫活动。县级以上人民政府有关部门应当为英雄烈士遗属祭扫提供便利。

2. C，解析：《英雄烈士保护法》第14条规定，英雄烈士在国外安葬的，中华人民共和国驻该国外交、领事代表机构应当结合驻在国实际情况组织开展祭扫活动。国家通过与有关国家的合作，查找、收集英雄烈士遗骸、遗物和史料，加强对位于国外的英雄烈士纪念设施的修缮保护工作。《英雄烈士保护法》第16条规定，各级人民政府、军队有关部门应当加强对英雄烈士遗物、史料的收集、保护和陈列展示工作，组织开展英雄烈士史料的研究、编纂和宣传工作。国家鼓励和支持革命老区发挥当地资源优势，开展英雄烈士事迹和精神的研究、宣传和教育工作。《英雄烈士保护法》第21条规定，国家实行英雄烈士抚恤优待制度。英雄烈士遗属按照国家规定享受教育、就业、养老、住房、医疗等方面的优待。抚恤优待水平应当与国民经济和社会发展相适应并逐步提高。国务院有关部门、军队有关部门和地方人民政府应当关心英雄烈士遗属的生活情况，每年定期走访慰问英雄烈士遗属。《英雄烈士保护法》第22条规定，禁止歪曲、丑化、亵渎、否定英雄烈士事迹和精神。英雄烈士的姓名、肖像、名誉、荣誉受法律保护。任何组织和个人不得在公共场所、互联网或者利用广播电视、电影、出版物等，以侮辱、诽谤或者其他方式侵害英雄烈士的姓名、肖像、名誉、荣誉。任何组织和个人不得将英雄烈士的姓名、肖像用于或者变相用于商标、商业广告，损害英雄烈士的名誉、荣誉。公安、文化、新闻出版、广播电视、电影、网信、市场监督管理、负责英雄烈士保护工作的部门发现前款规定行为的，应当依法及时处理。

3. A，解析：《英雄烈士保护法》第28条规定，侵占、破坏、污损英雄烈士纪念设施的，由县级以上人民政府负责英雄烈士保护工作的部门责令改正；造成损失的，依法承担民事责任；被侵占、破坏、污损的纪念设施属于文物保护单位的，依照《文物保护法》的规定处罚；构成违反治安管理行为的，由公安机关依法给予治安管理处罚；构成犯罪的，依法追究刑事责任。《英雄烈士保护法》第25条规定，对侵害英雄烈士的姓名、肖像、名誉、荣誉的行为，英雄烈士的近亲属可以依法向人民法院提起诉讼。英雄烈士没有近亲属或者近亲属不提起诉讼的，检察机关依法对侵害英雄烈士的姓名、肖像、名誉、荣誉，损害社会公共利益的行为向人民法院提起诉讼。负责英雄烈士保护工作的部门和其他有关部门在履行职责过程中发现第一款规定的行为，需要检察机关提起诉讼的，应当向检察机关报告。英雄烈士近亲属依照第一款规定提起诉讼的，法律援助机构应当依法提供法律援助服务。《英雄烈士保护法》第 22 条规定，禁止歪曲、丑化、亵渎、否定英雄烈士事迹和精神。英雄烈士的姓名、肖像、名誉、荣誉受法律保护。任何组织和个人不得在公共场所、互联网或者利用广播电视、电影、出版物等，以侮辱、诽谤或者其他方式侵害英雄烈士的姓名、肖像、名誉、荣誉。任何组织和个人不得将英雄烈士的姓名、肖像用于或者变相用于商标、商业广告，损害英雄烈士的名誉、荣誉。公安、文化、新闻出版、广播电视、电影、网信、市场监督管理、负责英雄烈士保护工作的部门发现前款规定行为的，应当依法及时处理。《英雄烈士保护法》第 24 条规定，任何组织和个人有权对侵害英雄烈士合法权益和其他违反本法规定的行为，向负责英雄烈士保护工作的部门、网信、公安等有关部门举报，接到举报的部门应当依法及时处理。

4. B，解析：《英雄烈士保护法》第 3 条规定，英雄烈士事迹和精神是中华民族的共同历史记忆和社会主义核心价值观的重要体现。国家保护英雄烈士，对英雄烈士予以褒扬、纪念，加强对英雄烈士事迹和精神的宣传、教育，维护英雄烈士尊严和合法权益。全社会都应当崇尚、学习、捍卫英雄烈士。《英雄烈士保护法》第 17 条规定，教育行政部门应当以青少年学生为重点，将英雄烈士事迹和精神的宣传教育纳入国民教育体系。教育行政部门、各级各类学校应当将英雄烈士事迹和精神纳入教育内容，组织开展纪念教育活动，加强对学生的爱国主义、集体主义、社会主义教育。《英雄烈士保护法》第 5 条规定，每年 9 月 30 日为烈士纪念日，国家在首都北京天安门广场人民英雄纪念碑前举行纪念仪式，缅怀英雄烈士。县级以上地方人民政府、军队有关部门应当在烈士纪念日举行纪念活动。举行英雄烈士纪念活动，邀请英雄烈士遗属代表参加。《英雄烈士保护法》第 7 条规定，国家建立并保护英雄烈士纪念设施，纪念、缅怀英雄烈士。矗立在首都北京天安门广场的人民英雄纪念碑，是近代以来中国人民和中华民族争取民族独立解放、人民自由幸福和国家繁荣富强精神的象征，是国家和人民纪念、缅怀英雄烈士的永久性纪念设施。人民英雄纪念碑及其名称、碑题、碑文、浮雕、图形、标志等受法律保护。

5. D，解析：《英雄烈士保护法》第26条规定，以侮辱、诽谤或者其他方式侵害英雄烈士的姓名、肖像、名誉、荣誉，损害社会公共利益的，依法承担民事责任；构成违反治安管理行为的，由公安机关依法给予治安管理处罚；构成犯罪的，依法追究刑事责任。《英雄烈士保护法》第24条规定：任何组织和个人有权对侵害英雄烈士合法权益和其他违反本法规定的行为，向负责英雄烈士保护工作的部门、网信、公安等有关部门举报，接到举报的部门应当依法及时处理。《英雄烈士保护法》第21条规定，国家实行英雄烈士抚恤优待制度。英雄烈士遗属按照国家规定享受教育、就业、养老、住房、医疗等方面的优待。抚恤优待水平应当与国民经济和社会发展相适应并逐步提高。国务院有关部门、军队有关部门和地方人民政府应当关心英雄烈士遗属的生活情况，每年定期走访慰问英雄烈士遗属。《英雄烈士保护法》第15条规定，国家鼓励和支持开展对英雄烈士事迹和精神的研究，以辩证唯物主义和历史唯物主义为指导认识和记述历史。

6. C，解析：《英雄烈士保护法》第3条规定，英雄烈士事迹和精神是中华民族的共同历史记忆和社会主义核心价值观的重要体现。国家保护英雄烈士，对英雄烈士予以褒扬、纪念，加强对英雄烈士事迹和精神的宣传、教育，维护英雄烈士尊严和合法权益。全社会都应当崇尚、学习、捍卫英雄烈士。《英雄烈士保护法》第4条规定，各级人民政府应当加强对英雄烈士的保护，将宣传、弘扬英雄烈士事迹和精神作为社会主义精神文明建设的重要内容。县级以上人民政府负责英雄烈士保护工作的部门和其他有关部门应当依法履行职责，做好英雄烈士保护工作。军队有关部门按照国务院、中央军事委员会的规定，做好英雄烈士保护工作。县级以上人民政府应当将英雄烈士保护工作经费列入本级预算。《英雄烈士保护法》第7条规定，国家建立并保护英雄烈士纪念设施，纪念、缅怀英雄烈士。矗立在首都北京天安门广场的人民英雄纪念碑，是近代以来中国人民和中华民族争取民族独立解放、人民自由幸福和国家繁荣富强精神的象征，是国家和人民纪念、缅怀英雄烈士的永久性纪念设施。人民英雄纪念碑及其名称、碑题、碑文、浮雕、图形、标志等受法律保护。《英雄烈士保护法》第11条规定，安葬英雄烈士时，县级以上人民政府、军队有关部门应当举行庄严、肃穆、文明、节俭的送迎、安葬仪式。

（三）多选题

1. ABCD，解析：《英雄烈士保护法》第 3 条规定，英雄烈士事迹和精神是中华民族的共同历史记忆和社会主义核心价值观的重要体现。国家保护英雄烈士，对英雄烈士予以褒扬、纪念，加强对英雄烈士事迹和精神的宣传、教育，维护英雄烈士尊严和合法权益。全社会都应当崇尚、学习、捍卫英雄烈士。《英雄烈士保护法》第 9 条规定，英雄烈士纪念设施应当免费向社会开放，供公众瞻仰、悼念英雄烈士，开展纪念教育活动，告慰先烈英灵。前款规定的纪念设施由军队有关单位管理的，按照军队有关规定实行开放。《英雄烈士保护法》第 12 条规定，国家建立健全英雄烈士祭扫制度和礼仪规范，引导公民庄严有序地开展祭扫活动。县级以上人民政府有关部门应当为英雄烈士遗属祭扫提供便利。《英雄烈士保护法》第 20 条规定，国家鼓励和支持自然人、法人和非法人组织以捐赠财产、义务宣讲英雄烈士事迹和精神、帮扶英雄烈士遗属等公益活动的方式，参与英雄烈士保护工作。自然人、法人和非法人组织捐赠财产用于英雄烈士保护的，依法享受税收优惠。
2. BCD，解析：《英雄烈士保护法》第 5 条规定，每年 9 月 30 日为烈士纪念日，国家在首都北京天安门广场人民英雄纪念碑前举行纪念仪式，缅怀英雄烈士。县级以上地方人民政府、军队有关部门应当在烈士纪念日举行纪念活动。举行英雄烈士纪念活动，邀请英雄烈士遗属代表参加。《英雄烈士保护法》第 6 条规定，在清明节和重要纪念日，机关、团体、乡村、社区、学校、企业事业单位和军队有关单位根据实际情况，组织开展英雄烈士纪念活动。《英雄烈士保护法》第 7 条规定，国家建立并保护英雄烈士纪念设施，纪念、缅怀英雄烈士。矗立在首都北京天安门广场的人民英雄纪念碑，是近代以来中国人民和中华民族争取民族独立解放、人民自由幸福和国家繁荣富强精神的象征，是国家和人民纪念、缅怀英雄烈士的永久性纪念设施。人民英雄纪念碑及其名称、碑题、碑文、浮雕、图形、标志等受法律保护。《英雄烈士保护法》第 15 条规定，国家鼓励和支持开展对英雄烈士事迹和精神的研究，以辩证唯物主义和历史唯物主义为指导认识和记述历史。
3. ABCD，解析：《英雄烈士保护法》第 25 条规定，对侵害英雄烈士的姓名、肖像、名誉、荣誉的行为，英雄烈士的近亲属可以依法向人民法院提起诉讼。英雄烈士没有近亲属或者近亲属不提起诉讼的，检察机关依法对侵害英雄烈士的姓名、肖像、名誉、荣誉，损害社会公共利益的行为向人民法院提起诉讼。负责英雄烈士保护工作的部门和其他有关部门在履行职责过程中发现第一款规定的行为，需要检察机关提起诉讼的，应当向检察机关报告。英雄烈士近亲属依照第一款规定提起诉讼的，法律援助机构应当依法提供法律援助服务。《英雄烈士保护法》第21条规定，国家实行英雄烈士抚恤优待制度。英雄烈士遗属按照国家规定享受教育、就业、养老、住房、医疗等方面的优待。抚恤优待水平应当与国民经济和社会发展相适应并逐步提高。国务院有关部门、军队有关部门和地方人民政府应当关心英雄烈士遗属的生活情况，每年定期走访慰问英雄烈士遗属。《英雄烈士保护法》第19条规定，广播电台、电视台、报刊出版单位、互联网信息服务提供者，应当通过播放或者刊登英雄烈士题材作品、发布公益广告、开设专栏等方式，广泛宣传英雄烈士事迹和精神。《英雄烈士保护法》第12条规定，国家建立健全英雄烈士祭扫制度和礼仪规范，引导公民庄严有序地开展祭扫活动。

县级以上人民政府有关部门应当为英雄烈士遗属祭扫提供便利。

4. ABCD，解析：《英雄烈士保护法》第9条规定，英雄烈士纪念设施应当免费向社会开放，供公众瞻仰、悼念英雄烈士，开展纪念教育活动，告慰先烈英灵。前款规定的纪念设施由军队有关单位管理的，按照军队有关规定实行开放。《英雄烈士保护法》第11条规定，安葬英雄烈士时，县级以上人民政府、军队有关部门应当举行庄严、肃穆、文明、节俭的送迎、安葬仪式。《英雄烈士保护法》第15条规定，国家鼓励和支持开展对英雄烈士事迹和精神的研究，以辩证唯物主义和历史唯物主义为指导认识和记述历史。《英雄烈士保护法》第19条规定，广播电台、电视台、报刊出版单位、互联网信息服务提供者，应当通过播放或者刊登英雄烈士题材作品、发布公益广告、开设专栏等方式，广泛宣传英雄烈士事迹和精神。

5. ABD，解析：《英雄烈士保护法》第3条规定，英雄烈士事迹和精神是中华民族的共同历史记忆和社会主义核心价值观的重要体现。国家保护英雄烈士，对英雄烈士予以褒扬、纪念，加强对英雄烈士事迹和精神的宣传、教育，维护英雄烈士尊严和合法权益。全社会都应当崇尚、学习、捍卫英雄烈士。《英雄烈士保护法》第6条规定，在清明节和重要纪念日，机关、团体、乡村、社区、学校、企业事业单位和军队有关单位根据实际情况，组织开展英雄烈士纪念活动。《英雄烈士保护法》第8条规定，县级以上人民政府应当将英雄烈士纪念设施建设和保护纳入国民经济和社会发展规划、城乡规划，加强对英雄烈士纪念设施的保护和管理；对具有重要纪念意义、教育意义的英雄烈士纪念设施依照《文物保护法》的规定，核定公布为文物保护单位。中央财政对革命老区、民族地区、边疆地区、贫困地区英雄烈士纪念设施的修缮保护，应当按照国家规定予以补助。《英雄烈士保护法》第 9 条规定，英雄烈士纪念设施应当免费向社会开放，供公众瞻仰、悼念英雄烈士，开展纪念教育活动，告慰先烈英灵。前款规定的纪念设施由军队有关单位管理的，按照军队有关规定实行开放。

6. ABD，解析：《英雄烈士保护法》第 11 条规定，安葬英雄烈士时，县级以上人民政府、军队有关部门应当举行庄严、肃穆、文明、节俭的送迎、安葬仪式。《英雄烈士保护法》第 3 条规定，英雄烈士事迹和精神是中华民族的共同历史记忆和社会主义核心价值观的重要体现。国家保护英雄烈士，对英雄烈士予以褒扬、纪念，加强对英雄烈士事迹和精神的宣传、教育，维护英雄烈士尊严和合法权益。全社会都应当崇尚、学习、捍卫英雄烈士。《英雄烈士保护法》第 25 条规定，对侵害英雄烈士的姓名、肖像、名誉、荣誉的行为，英雄烈士的近亲属可以依法向人民法院提起诉讼。英雄烈士没有近亲属或者近亲属不提起诉讼的，检察机关依法对侵害英雄烈士的姓名、肖像、名誉、荣誉，损害社会公共利益的行为向人民法院提起诉讼。负责英雄烈士保护工作的部门和其他有关部门在履行职责过程中发现第 1 款规定的行为，需要检察机关提起诉讼的，应当向检察机关报告。英雄烈士近亲属依照第 1 款规定提起诉讼的，法律援助机构应当依法提供法律援助服务。《英雄烈士保护法》第 27 条规定，在英雄烈士纪念设施保护范围内从事有损纪念英雄烈士环境和氛围的活动的，纪念设施保护单位应当及时劝阻；不听劝阻的，由县级以上地方人民政府负责英雄烈士保护工作的部门、文物主管部门按照职责规定给予批评教育，责令改正；构成违反治安管理行为的，由公安机关依法给予治安管理处罚。亵渎、否定英雄烈士事迹和精神，宣扬、美化侵略战争和侵略行为，寻衅滋事，扰乱公共秩序，构成违反治安管理行为的，由公安机关依法给予治安管理处罚；构成犯罪的，依法追究刑事责任。

（四）填空题

1. 瞻仰；悼念。（《英雄烈士保护法》第 9 条）
2. 自然人、法人和非法人组织。（《英雄烈士保护法》第 20 条）
3. 侵害英雄烈士合法权益；依法及时处理。（《英雄烈士保护法》第 24 条）
4. 滥用职权；玩忽职守；徇私舞弊。（《英雄烈士保护法》第 29 条）
5. 祭扫制度；礼仪规范。（《英雄烈士保护法》第 12 条）

（五）简答题

1. 答：《英雄烈士保护法》第21条规定，国家实行英雄烈士抚恤优待制度。英雄烈士遗属按照国家规定享受教育、就业、养老、住房、医疗等方面的优待。抚恤优待水平应当与国民经济和社会发展相适应并逐步提高。国务院有关部门、军队有关部门和地方人民政府应当关心英雄烈士遗属的生活情况，每年定期走访慰问英雄烈士遗属。
2. 答：《英雄烈士保护法》第28条规定，侵占、破坏、污损英雄烈士纪念设施的，由县级以上人民政府负责英雄烈士保护工作的部门责令改正；造成损失的，依法承担民事责任；被侵占、破坏、污损的纪念设施属于文物保护单位的，依照《文物保护法》的规定处罚；构成违反治安管理行为的，由公安机关依法给予治安管理处罚；构成犯罪的，依法追究刑事责任。
3. 答：《英雄烈士保护法》第22条规定，禁止歪曲、丑化、亵渎、否定英雄烈士事迹和精神。英雄烈士的姓名、肖像、名誉、荣誉受法律保护。任何组织和个人不得在公共场所、互联网或者利用广播电视、电影、出版物等，以侮辱、诽谤或者其他方式侵害英雄烈士的姓名、肖像、名誉、荣誉。任何组织和个人不得将英雄烈士的姓名、肖像用于或者变相用于商标、商业广告，损害英雄烈士的名誉、荣誉。公安、文化、新闻出版、广播电视、电影、网信、市场监督管理、负责英雄烈士保护工作的部门发现前款规定行为的，应当依法及时处理。

七、民法典

（一）判断题

1. 民法调整平等主体的自然人、非法人组织之间的人身关系和财产关系。（　　）
2. 自然人从出生时起到死亡时止，具有民事权利能力，依法享有民事权利，承担民事义务。（　　）
3. 不能完全辨认自己行为的成年人可以独立实施与其智力、精神健康状况相适应的民事法律行为。（　　）
4. 失踪人的财产由其配偶、成年子女、父母或者其他愿意担任财产代管人的人代管。（　　）
5. 自然人被宣告死亡但是并未死亡的，其在被宣告死亡期间实施的民事法律行为无效。（　　）
6. 自然人因婚姻家庭关系等产生的人身权利受法律保护。（　　）
7. 民事主体依法享有继承权。（　　）
8. 民事主体按照自己的意愿依法行使民事权利，不受干涉。（　　）
9. 善意受让人取得动产后，该动产上的原有权利消灭。但是，善意受让人在受让时知道或者应当知道该权利的除外。（　　）
10. 用益物权人对他人所有的不动产或者动产，依法享有使用的权利。（　　）
11. 用益物权人行使权利，应当遵守法律有关保护和合理开发利用资源、保护生态环境的规定。所有权人不得干涉用益物权人行使权利。（　　）

（二）单选题

1. 自然人的（　　）一律平等。

A. 民事能力　　B. 民事权利能力

C. 民事义务　　D. 民事行为能力

2. (　　)周岁以上的未成年人，以自己的劳动收入为主要生活来源的，视为完全民事行为能力人。

A. 14　　B. 15

C. 16　　D. 17

3. 被监护人的（　）担任监护人的，可以通过遗嘱指定监护人。

A. 祖父母　　B. 父母

C. 子女　　D. 兄

4. 具有完全民事行为能力的成年人，可以与其近亲属、其他愿意担任监护人的个人或者组织事先协商，以（　）形式确定自己的监护人。

A. 书面　　B. 口头

C. 书面或者口头　　D. 公证

5. 法人、非法人组织享有的权利不包括(　　)。

A. 名称权　　B. 名誉权

C. 姓名权　　D. 荣誉权

6. 没有法定的或者约定的义务，为避免他人利益受损失而进行管理的人有权请求受益人偿还由此支出的（　）费用。

A. 部分　　B. 必要

C. 全部　　D. 适当

7. 因他人没有(　　)根据，取得不当利益受损失的人有权请求其返还不当利益。

A. 事实　　B. 习惯

C. 现实　　D. 法律

8. 知识产权的权利人可以就下列哪项客体依法享有专有权利?(　　)

A. 水流　　B. 通用公式

C. 商业秘密　　D. 矿产资源

9. 关于租赁合同，下列说法错误的是：(　　)

A. 承租人经出租人同意，可以将租赁物转租给第三人。承租人转租的，承租人与出租人之间的租赁合同继续有效；第三人造成租赁物损失的，承租人应当赔偿损失

B. 出租人知道或者应当知道承租人转租，但是在3个月内未提出异议的，

视为出租人同意转租

C. 在租赁期限内因占有、使用租赁物获得的收益，归承租人所有，但是当事人另有约定的除外

D. 承租人无正当理由未支付或者迟延支付租金的，出租人可以请求承租人在合理期限内支付；承租人逾期不支付的，出租人可以解除合同

10. 关于承揽合同，下列说法错误的是：（　　）

A. 承揽人可以将其承揽的辅助工作交由第三人完成。承揽人将其承揽的辅助工作交由第三人完成的，应当就该第三人完成的工作成果向定作人负责

B. 承揽人发现定作人提供的图纸或者技术要求不合理的，应当及时通知定作人。因定作人怠于答复等原因造成承揽人损失的，应当赔偿损失

C. 定作人中途变更承揽工作的要求，造成承揽人损失的，应当赔偿损失

D. 承揽人应当妥善保管定作人提供的材料以及完成的工作成果，因保管不善造成毁损、灭失的，可以承担赔偿责任

（三）多选题

1. 下列关于自然人的民事权利能力的说法正确的是：（　　）

A. 自然人的民事权利能力一律平等

B. 自然人从出生时起到死亡时止，具有民事权利能力

C. 涉及遗产继承、接受赠与等胎儿利益保护的，胎儿视为具有民事权利能力

D. 胎儿娩出时为死体的，其民事权利能力自始不存在

2. 8 周岁以上的未成年人可以独立实施的民事法律行为有：（　　）

A. 纯获利益的民事法律行为

B. 与其年龄相适应的民事法律行为

C. 与其智力相适应的民事法律行为

D. 与其精神健康状况相适应的民事法律行为

3. 被人民法院认定为无民事行为能力人的，经（　　）申请，人民法院可以根据其智力、精神健康恢复的状况，认定该成年人恢复为完全民事行为能力人。

A. 本人　　B. 利害关系人
C. 民政部门　　D. 残疾人联合会

4. 监护人有下列哪些行为的，人民法院根据有关组织的申请，撤销其监护人资格，安排必要的临时监护措施，并按照最有利于被监护人的原则依法指定监护？（　　）
A. 实施严重损害被监护人身心健康的行为
B. 无法履行监护职责并且拒绝将监护职责部分或者全部委托给他人，导致被监护人处于危困状态
C. 怠于履行监护职责，导致被监护人处于危困状态
D. 实施侵害被监护人合法权益的行为

5. 自然人在战争期间下落不明的，下落不明的时间自（　）之日起计算。
A. 利害关系人确定的下落不明
B. 失去音讯
C. 战争结束
D. 有关机关确定的下落不明

6. 自然人享有的权利包括：（　　）
A. 身体权　　B. 肖像权
C. 荣誉权　　D. 婚姻自主权

7. 任何组织或者个人需要获取他人个人信息的，应当依法取得并确保信息安全，不得非法(　　)他人个人信息，不得非法买卖、提供或者公开他人个人信息。
A. 收集　　B. 加工
C. 使用　　D. 传输

8. 法律对(　　)等的民事权利保护有特别规定的，依照其规定。
A. 未成年人　　B. 残疾人
C. 老年人　　D. 妇女

9. 关于法人，下列哪些说法是正确的？（　　）
A. 法人是具有民事权利能力和民事行为能力，但不能独立享有民事权利和承担民事义务
B. 法人的民事权利能力和民事行为能力，从法人成立时产生，到法人终

止时消灭

C. 依照法律或者法人章程的规定，代表法人从事民事活动的负责人，为法人的法定代表人

D. 清算结束并完成法人注销登记时，法人终止；依法不需要办理法人登记的，清算结束时，法人终止

10. 下列哪些说法符合《民法典》的规定？（　　）

A. 因紧急避险造成损害的，由引起险情发生的人承担民事责任

B. 因保护他人民事权益使自己受到损害的，由侵权人承担民事责任，受益人可以给予适当补偿

C. 因自愿实施紧急救助行为造成受助人损害的，救助人承担部分民事责任

D. 人民法院请求保护民事权利的诉讼时效期间为 2 年。法律另有规定的，依照其规定

11. 关于诉讼时效，下列哪些说法是正确的？（　　）

A. 当事人约定同一债务分期履行的，诉讼时效期间自最后一期履行期限届满之日起计算

B. 无民事行为能力人或者限制民事行为能力人对其法定代理人的请求权的诉讼时效期间，自该法定代理终止之日起计算

C. 未成年人遭受性侵害的损害赔偿请求权的诉讼时效期间，自受害人年满 18 周岁之日起计算

D. 诉讼时效期间届满的，义务人可以提出不履行义务的抗辩

（四）填空题

1. 自然人从____起到____止，具有____，依法享有____，承担____。
2. 成年人为____，可以独立实施民事法律行为。____周岁以上的____，以自己的____为主要生活来源的，____完全民事行为能力人。
3. 无民事行为能力人、限制民事行为能力人的____是其法定代理人。
4. 被人民法院认定为限制民事行为能力人的，经____、____或者有关组织申请，人民法院可以根据其____、____恢复的状况，认定该成年人恢复为完全民事行为能力人。
5. 依法具有____资格的人之间可以____确定监护人。协议确定监护人应当

尊重被监护人的____。

6. 监护人____履行监护职责产生的权利，受____保护。
7. 民事权利可以依据民事法律行为、____、____或者法律规定的其他方式取得。
8. 民事主体行使权利时，应当履行____的和____的义务。
9. 合同____的，不影响合同中有关解决争议方法的条款的效力。
10. 当事人在履行合同过程中，应当避免____，____，____。
11. 合同生效后，当事人就质量、价款或者报酬、履行地点等内容没有约定或者约定不明确的，可以____；不能达成补充协议的，按照合同相关条款或者____确定。

（五）简答题

1. 简述撤销权消灭的情形。
2. 简述委托代理终止的情形。
3. 简述撤销监护人资格的条件。
4. 简述承担民事责任的方式。

参考答案

（一）判断题

1. ×，解析：《民法典》第 2 条规定："民法调整平等主体的自然人、法人和非法人组织之间的人身关系和财产关系。"
2. √，解析：《民法典》第 13 条。
3. √，解析：《民法典》第 22 条。
4. √，解析：《民法典》第 42 条。
5. ×，解析：《民法典》第 49 条规定："自然人被宣告死亡但是并未死亡的不影响该自然人在被宣告死亡期间实施的民事法律行为的效力。"
6. √，解析：《民法典》第 112 条。
7. ×，解析：《民法典》第 124 条规定："自然人依法享有继承权，自然人合法的私有财产可以依法继承。"
8. √，解析：《民法典》第 130 条。

9. √，解析：《民法典》第 313 条。
10. ×，解析：《民法典》第 323 条规定，用益物权人对他人所有的不动产或者动产，依法享有占有、使用和收益的权利。
11. √，解析：《民法典》第 326 条。

（二）单选题

1. B，解析：《民法典》第 14 条规定："自然人的民事权利能力一律平等。"
2. C，解析：《民法典》第 18 条规定："成年人为完全民事行为能力人，可以独立实施民事法律行为。十六周岁以上的未成年人，以自己的劳动收入为主要生活来源的，视为完全民事行为能力人。"
3. B，解析：《民法典》第 29 条规定，被监护人的父母担任监护人的，可以通过遗嘱指定监护人。
4. A，解析：《民法典》第 33 条规定："具有完全民事行为能力的成年人，可以与其近亲属、其他愿意担任监护人的个人或者组织事先协商，以书面形式确定自己的监护人，在自己丧失或者部分丧失民事行为能力时，由该监护人履行监护职责。"
5. C，解析：《民法典》第 110 条规定："自然人享有生命权、身体权、健康权、姓名权、肖像权、名誉权、荣誉权、隐私权、婚姻自主权等权利，法人、非法人组织享有名称权、名誉权和荣誉权。"
6. B，解析：《民法典》第 121 条规定："没有法定的或者约定的义务，为避免他人利益受损失而进行管理的人，有权请求受益人偿还由此支出的必要费用。"
7. D，解析：《民法典》第 122 条规定："他人没有法律根据，取得不当利益，受损失的人有权请求其返还不当利益。"
8. C，解析：《民法典》第 123 条规定，民事主体依法享有知识产权，知识产权是权利人依法就下列客体享有的专有的权利：（1）作品；（2）发明、实用新型、外观设计；（3）商标；（4）地理标志；（5）商业秘密；（6）集成电路布图设计；（7）植物新品种；（8）法律规定的其他客体。
9. B，解析：《民法典》第 716 条规定，承租人经出租人同意，可以将租赁物转租给第三人。承租人转租的，承租人与出租人之间的租赁合同继续有效；第三人造成租赁物损失的，承租人应当赔偿损失。承租人未经出租人同意转租的，出租人可以解除合同。《民法典》第 718 条规定，出租人知道或者应当知道承租人转租，但是在 6 个月内未提出异议的，视为出租人同意转租。

《民法典》第 720 条规定，在租赁期限内因占有、使用租赁物获得的收益，归承租人所有，但是当事人另有约定的除外。《民法典》第 722 条规定，承租人无正当理由未支付或者迟延支付租金的，出租人可以请求承租人在合理期限内支付；承租人逾期不支付的，出租人可以解除合同。

10. D，解析：《民法典》第 773 条规定，承揽人可以将其承揽的辅助工作交由第三人完成。承揽人将其承揽的辅助工作交由第三人完成的，应当就该第三人完成的工作成果向定作人负责。《民法典》第 776 条规定，承揽人发现定作人提供的图纸或者技术要求不合理的，应当及时通知定作人。因定作人怠于答复等原因造成承揽人损失的，应当赔偿损失。《民法典》第 777 条规定，定作人中途变更承揽工作的要求，造成承揽人损失的，应当赔偿损失。《民法典》第 784 条规定，承揽人应当妥善保管定作人提供的材料以及完成的工作成果，因保管不善造成毁损、灭失的，应当承担赔偿责任。

（三）多选题

1. ABCD，解析：《民法典》第 13 条、第 14 条、第 16 条。
2. ABC，解析：《民法典》第 19 条规定："8 周岁以上的未成年人为限制民事行为能力人，实施民事法律行为由其法定代理人代理或者经其法定代理人同意、追认。但是，可以独立实施纯获利益的民事法律行为或者与其年龄、智力相适应的民事法律行为。"
3. ABCD，解析：《民法典》第 24 条规定："不能辨认或者不能完全辨认自己行为的成年人，其利害关系人或者有关组织，可以向人民法院申请认定该成年人为无民事行为能力人或者限制民事行为能力人，被人民法院认定为无民事行为能力人或者限制民事行为能力人的，经本人、利害关系人或者有关组织申请，人民法院可以根据其智力、精神健康恢复的状况，认定该成年人恢复为限制民事行为能力人或者完全民事行为能力人，本条规定的有关组织包括：居民委员会、村民委员会、学校、医疗机构、妇女联合会、残疾人联合会、依法设立的老年人组织、民政部门等。"
4. ABC，解析：《民法典》第 36 条第 1 款规定："监护人有下列情形之一的，人民法院根据有关个人或者组织的申请，撤销其监护人资格，安排必要的临时监护措施，并按照最有利于被监护人的原则依法指定监护人：（一）实施严重损害被监护人身心健康的行为；（二）怠于履行监护职责，或者无法履行监护职责并且拒绝将监护职责部分或者全部委托给他人，导致被监护人处于危困状态；（三）实施严重侵害被监护人合法权益的其他行为。"

5. CD，解析：《民法典》第 41 条规定：“自然人下落不明的时间自其失去音讯之日起计算，战争期间下落不明的，下落不明的时间自战争结束之日或者有关机关确定的下落不明之日起计算。”
6. ABCD，解析：《民法典》第 110 条规定：“自然人享有生命权、身体权、健康权、姓名权、肖像权、名誉权、荣誉权、隐私权、婚姻自主权等权利。法人、非法人组织享有名称权、名誉权和荣誉权。”
7. ABCD，解析：《民法典》第 111 条规定：“自然人的个人信息受法律保护，任何组织或者个人需要获取他人个人信息的，应当依法取得并确保信息安全，不得非法收集、使用、加工、传输他人个人信息，不得非法买卖、提供或者公开他人个人信息。”
8. ABCD，解析：《民法典》第 128 条规定：“法律对未成年人、老年人、残疾人、妇女、消费者等的民事权利保护有特别规定的，依照其规定。”
9. BCD，解析：《民法典》第 57 条规定，法人是具有民事权利能力和民事行为能力，依法独立享有民事权利和承担民事义务的组织。《民法典》第 59 条规定，法人的民事权利能力和民事行为能力，从法人成立时产生，到法人终止时消灭。《民法典》第 61 条规定，依照法律或者法人章程的规定，代表法人从事民事活动的负责人，为法人的法定代表人。法定代表人以法人名义从事的民事活动，其法律后果由法人承受。法人章程或者法人权力机构对法定代表人代表权的限制，不得对抗善意相对人。《民法典》第 72 条规定，清算期间法人存续，但是不得从事与清算无关的活动。法人清算后的剩余财产，按照法人章程的规定或者法人权力机构的决议处理。法律另有规定的，依照其规定。清算结束并完成法人注销登记时，法人终止；依法不需要办理法人登记的，清算结束时，法人终止。
10. AB，解析：《民法典》第 182 条规定，因紧急避险造成损害的，由引起险情发生的人承担民事责任。危险由自然原因引起的，紧急避险人不承担民事责任，可以给予适当补偿。紧急避险采取措施不当或者超过必要的限度，造成不应有的损害的，紧急避险人应当承担适当的民事责任。《民法典》第 183 条规定，因保护他人民事权益使自己受到损害的，由侵权人承担民事责任，受益人可以给予适当补偿。没有侵权人、侵权人逃逸或者无力承担民事责任，受害人请求补偿的，受益人应当给予适当补偿。《民法典》第 184 条规定，因自愿实施紧急救助行为造成受助人损害的，救助人不承担民事责任。《民法典》第 188 条规定，向人民法院请求保护民事权利的诉讼时效期间为3年。法律另有规定的，依照其规定。诉讼时效期间自权利人知道或者应当知道权利受到损害以及义务人之日起计算。法律另有规定的，依照其规定。但是，自权利受到损害之日起超过20年的，人民法院不予保护，有特殊情况的，人民法院可以根据权利人的申请决定延长。

11. ABCD，解析：《民法典》第189条规定，当事人约定同一债务分期履行的，诉讼时效期间自最后一期履行期限届满之日起计算。《民法典》第190条规定，无民事行为能力人或者限制民事行为能力人对其法定代理人的请求权的诉讼时效期间，自该法定代理终止之日起计算。《民法典》第191条规定，未成年人遭受性侵害的损害赔偿请求权的诉讼时效期间，自受害人年满18周岁之日起计算。《民法典》第192条规定，诉讼时效期间届满的，义务人可以提出不履行义务的抗辩。诉讼时效期间届满后，义务人同意履行的，不得以诉讼时效期间届满为由抗辩；义务人已经自愿履行的，不得请求返还。

（四）填空题

1. 出生时；死亡时；民事权利能力；民事权利；民事义务。（《民法典》第13条）
2. 完全民事行为能力人；16；未成年人；劳动收入；视为。（《民法典》第18条）
3. 监护人。（《民法典》第23条）
4. 本人；利害关系人；智力；精神健康。（《民法典》第24条第2款）
5. 监护；协议；真实意愿。（《民法典》第30条）
6. 依法；法律。（《民法典》第34条第2款）
7. 法律规定；当事人约定。（《民法典》第131条）
8. 不得；社会公共利益。（《民法典》第132条）
9. 不生效、无效、被撤销或者终止的。（《民法典》第507条）
10. 浪费资源；污染环境；破坏生态。（《民法典》第509条）
11. 协议补充；交易习惯。（《民法典》第510条）

（五）简答题

1. 答：《民法典》152条规定，有下列情形之一的，撤销权消灭：（1）当事人自知道或者应当知道撤销事由之日起1年内、重大误解的，当事人自知道或者应当知道撤销事由之日起90日内没有行使撤销权；（2）当事人受胁迫，自胁迫行为终止之日起1年内没有行使撤销权；（3）当事人知道撤销事由后明确表示或者以自己的行为表明放弃撤销权，当事人自民事法律行为发生之日起5年内没有行使撤销权的，撤销权消灭。

2. 答：《民法典》第173条规定，有下列情形之一的，委托代理终止：（1）代理期间届满或者代理事务完成；（2）被代理人取消委托或者代理人辞去委托；（3）代理人丧失民事行为能力；（4）代理人或者被代理人死亡；（5）作为代理人或者被代理人的法人、非法人组织终止。

3. 答：《民法典》第36条1款规定，监护人有下列情形之一的人民法院根据有关个人或者组织的申请，撤销其监护人资格，安排必要的临时监护措施，并按照最有利于被监护人的原则依法指定监护人：（1）实施严重损害被监护人身心健康的行为；（2）怠于履行监护职责，或者无法履行监护职责且拒绝将监护职责部分或者全部委托给他人，导致被监护人处于危困状态；（3）实施严重侵害被监护人合法权益的其他行为。

4. 答：《民法典》第179条第1款规定，承担民事责任的方式主要有：（1）停止侵害；（2）排除妨碍；（3）消除危险；（4）返还财产；（5）恢复原状；（6）修理、重作、更换；（7）继续履行；（8）赔偿损失；（9）支付违约金；（10）消除影响、恢复名誉；（11）赔礼道歉。

八、治安管理处罚法

（一）判断题

1. 违反国家规定，故意干扰无线电业务正常进行的，或者对正常运行的无线电台（站）产生有害干扰，经有关主管部门指出后，拒不采取有效措施消除的，处 3 日以上 10 日以下拘留；情节严重的，处 10 日以上 15 日以下拘留。(　　)
2. 制作、运输、复制、出售、出租淫秽的书刊、图片、影片、音像制品等淫秽物品或者利用计算机信息网络、电话以及其他通讯工具传播淫秽信息的，处 10 日以上 15 日以下拘留，可以并处 5000 元以下罚款；情节较轻的，处 5 日以下拘留或者 500 元以下罚款。(　　)
3. 煽动民族仇恨、民族歧视，或者在出版物、计算机信息网络中刊载民族歧视、侮辱内容的，处 10 日以上 15 日以下拘留，可以并处 1000 元以下罚款。(　　)
4. 盗窃、诈骗、哄抢、抢夺、敲诈勒索或者故意损毁公私财物的，处 5 日以上 10 日以下拘留，可以并处 500 元以下罚款；情节较重的，处 10 日以上 15 日以下拘留，可以并处 1000 元以下罚款。(　　)
5. 冒充国家机关工作人员或者以其他虚假身份招摇撞骗的，处 5 日以上 10 日以下拘留，可以并处 500 元以下罚款；情节较轻的，处 5 日以下拘留或者 500 元以下罚款。冒充军警人员招摇撞骗的，从重处罚。(　　)
6. 旅馆业、饮食服务业、文化娱乐业、出租汽车业等单位的人员，在公安机关查处吸毒、赌博、卖淫、嫖娼活动时，为违法犯罪行为人通风报信的，处 3 日以上 15 日以下拘留。(　　)
7. 行政拘留处罚合并执行的，最长不超过 15 日。(　　)
8. 教唆、胁迫、诱骗他人违反治安管理的，按照其教唆、胁迫、诱骗的行为处罚。(　　)
9. 出于他人胁迫或者诱骗，违反治安管理的，一律不予处罚。(　　)

（二）单选题

1. 违反国家规定，故意干扰无线电业务正常进行的，或者对正常运行的无线电台（站）产生有害干扰，经有关主管部门指出后，拒不采取有效措施消除的，处(　　)10 日以下拘留；情节严重的，处 10 日以上 15 日以下拘留。

   A. 1 日以上　　B. 4 日以上

   C. 5 日以上　　D. 3 日以上

2. 故意制作、传播计算机病毒等破坏性程序，影响计算机信息系统正常运行的。处(　　)日以下拘留；情节较重的处 5 日以上(　　)日以下拘留。

   A. 2；8　　B. 3；9

   C. 4；7　　D. 5；10

3. 强买强卖商品，强迫他人提供服务或者强迫他人接受服务的，处 5 日以上 10 日以下拘留，并处 200 元以上 500 元以下罚款；情节较轻的，处 5 日以下拘留或者(　　)百元以下罚款。

   A. 6　　B. 7

   C. 5　　D. 8

4. 旅馆业、饮食服务业、出租汽车业等单位的人员，在公安机关查处吸毒、赌博、卖淫、嫖娼活动时，为违法犯罪行为人通风报信的，处 10 日以上(　　)日以下拘留。

   A. 20　　B. 25

   C. 15　　D. 30

5. 下列哪一证据可以作为处罚的根据？(　　)

   A. 以合法手段收集的涉及当事人隐私的证据

   B. 以刑讯逼供手段收集的证据

   C. 采用威胁手段收集的证据

   D. 采取引诱、欺骗等手段收集的证据

6. 人民警察在办理治安案件过程中，发生下列哪一情形的，应当回避？(　　)

   A. 是本案当事人的远房亲戚

B. 本人的远房亲戚与本案有利害关系

C. 与本案当事人有其他关系，但不会影响案件公正处理

D. 是本案当事人

7. 关于传唤违反治安管理行为人接受调查，下列哪一说法是错误的？（　　）

A. 经公安机关办案部门负责人批准，使用传唤证传唤

B. 不能口头传唤

C. 对现场发现的违反治安管理行为人，人民警察经出示工作证件，可以口头传唤

D. 口头传唤的，应当在询问笔录中注明

8. 关于询问查证，下列哪一说法是错误的？（　　）

A. 对违反治安管理行为人，公安机关传唤后应当及时询问查证

B. 询问查证的时间一般不得超过 8 小时

C. 情况复杂的，询问查证的时间不得超过 24 小时

D. 情况复杂，依照本法规定可能适用行政拘留处罚的，询问查证的时间不得超过 24 小时

9. 公安机关依法实施罚款处罚，应当依照有关法律、行政法规的规定，实行（　　）。

A. 罚款决定与罚款收缴分离

B. 罚款决定与罚款收缴一体

C. 罚款决定当场作出

D. 罚款由银行统一收缴

（三）多选题

1. 有下列哪些行为之一的，处 5 日以下拘留；情节较重的，处 5 日以上 10 日以下拘留？（　　）

A. 违反国家规定，侵入计算机信息系统，造成危害的

B. 违反国家规定，对计算机信息系统功能进行删除、修改、增加、干扰，造成计算机信息系统不能正常运行的

C. 违反国家规定，对计算机信息系统中存储、处理、传输的数据和应用

程序进行删除、修改、增加的

D. 故意制作、传播计算机病毒等破坏性程序，影响计算机信息系统正常运行的

2. 关于《治安管理处罚法》，下列说法中正确的是：（　　）

A. 违反国家规定，故意干扰无线电业务正常进行的，或者对正常运行的无线电台（站）产生有害干扰，经有关主管部门指出后，拒不采取有效措施消除的，处5日以上10日以下拘留；情节严重的，处10日以上15日以下拘留

B. 故意制作、传播计算机病毒等破坏性程序，影响计算机信息系统正常运行的处5日以下拘留；情节较重的，处5日以上10日以下拘留

C. 制作、运输、复制、出售、出租淫秽的书刊、图片、影片、音像制品等淫秽物品或者利用计算机信息网络、电话以及其他通讯工具传播淫秽信息的，处10日以上15日以下拘留，可以并处3000元以下罚款；情节较轻的，处5日以下拘留或者500元以下罚款

D. 煽动民族仇恨、民族歧视，或者在出版物、计算机信息网络中刊载民族歧视、侮辱内容的，处10日以上15日以下拘留，可以并处1000元以下罚款

3. 盗窃、诈骗、哄抢、抢夺、敲诈勒索或者故意损毁公私财物的，（　　）。

A. 处5日以上10日以下拘留

B. 处5日以上15日以下拘留

C. 情节较重的，处10日以上15日以下拘留

D. 情节较重的，处5日以上10日以下拘留

4. 有下列哪些妨害社会管理的行为的，处警告或者二百元以下罚款；情节严重的，处5日以上10日以下拘留，可以并处500元以下罚款？（　　）

A. 拒不执行人民政府在紧急状态情况下依法发布的决定、命令的

B. 阻碍国家机关工作人员依法执行职务的

C. 阻碍执行紧急任务的消防车、救护车、工程抢险车、警车等车辆通行的

D. 强行冲闯公安机关设置的警戒带、警戒区的

5. 伪造下列哪些主体的印章，处10日以上15日以下拘留，可以并处1000元以下罚款；情节较轻的，处5日以上10日以下拘留，可以并处500元

以下罚款？（　　）

A. 国家机关　　B. 事业单位

C. 企业　　D. 人民团体

6. 公安机关及其人民警察办理治安案件，禁止对违反治安管理行为人（　　）。

A. 罚款　　B. 打骂

C. 虐待　　D. 侮辱

7. 公安机关及其人民警察办理治安案件，应当自觉接受(　　)的监督。

A. 社会　　B. 公众

C. 公民　　D. 人民

8. 对违反治安管理的行为人，在下列哪些情况下，可以强制传唤？（　　）

A. 经公安机关办案部门负责人批准的

B. 现场发现违反治安管理行为人的

C. 违反治安管理行为人无正当理由不接受传唤

D. 违反治安管理行为人逃避传唤

（四）填空题

1. 违反国家规定，____干扰无线电业务正常进行的，或者对正常运行的无线电台（站）产生____，经有关主管部门指出后，拒不采取有效措施消除的，处 5 日以上 10 日以下拘留；情节严重的，处 10 日以上 15 日以下拘留。

2. 制作、运输、复制、出售、出租淫秽的书刊、图片、影片、音像制品等淫秽物品或者利用____、电话以及其他通讯工具传播淫秽信息的，处 10 日以上 15 日以下拘留，可以并处 3000 元以下罚款；情节较轻的，处 5 日以下拘留或者 500 元以下____。

3. 煽动民族仇恨、民族歧视，或者在出版物、计算机信息网络中刊载民族歧视、侮辱内容的，处____拘留，可以并处 1000 元以下____。

4. ____商品，强迫他人提供服务或者强迫他人接受服务的，处 5 日以上 10 日以下拘留，并处 200 元以上 500 元以下____；情节较轻的，处 5 日以下拘留或者 500 元以下罚款。

5. 旅馆业、饮食服务业、____、出租汽车业等单位的人员，在公安机关查处吸毒、赌博、卖淫、嫖娼活动时，为违法犯罪行为人通风报信的，处10日以上15日以下拘留。
6. 国务院公安部门负责____的治安管理工作。县级以上地方各级人民政府公安机关负责____的治安管理工作。治安案件的管辖由____规定。
7. 违反治安管理的行为对他人造成损害的，行为人或者其监护人应当依法承担____。
8. 对于因____引起的打架斗殴或者损毁他人财物等违反治安管理行为，情节较轻的，公安机关可以调解处理。

（五）简答题

1. 根据《治安管理处罚法》的规定，有哪些行为之一的，处5日以下拘留；情节较重的，处5日以上10日以下拘留？
2. 根据《治安管理处罚法》的规定，运输、复制、出售、出租淫秽的书刊、图片、影片、音像制品等淫秽物品或者利用计算机信息网络、电话以及其他通讯工具传播淫秽信息的将会受到怎样的处罚？
3. 简述对扰乱文化、教育等大型群众性活动秩序行为的治安管理处罚措施。
4. 简述对非法携带枪支、弹药行为的治安管理处罚措施。
5. 简述对猥亵行为的治安管理处罚措施。

参考答案

（一）判断题

1. ×，解析：《治安管理处罚法》第28条规定："违反国家规定，故意干扰无线电业务正常进行的，或者对正常运行的无线电台（站）产生有害干扰，经有关主管部门指出后，拒不采取有效措施消除的，处五日以上十日以下拘留；情节严重的，处十日以上十五日以下拘留。"
2. ×，解析：《治安管理处罚法》第68条规定："制作、运输、复制、出售、出租淫秽的书刊、图片、影片、音像制品等淫秽物品或者利用计算机信息网络、电话以及其他通讯工具传播淫秽信息的，处十日以上十五日以下拘留，可以并处三千元以下罚款；情节较轻的，处五日以下拘留或者五百元以下罚款。”

3. √，解析：《治安管理处罚法》第47条。

4. √，解析：《治安管理处罚法》第49条。

5. √，解析：《治安管理处罚法》第51条。

6. ×，解析：《治安管理处罚法》第74条规定：“旅馆业、饮食服务业、文化娱乐业、出租汽车业等单位的人员，在公安机关查处吸毒、赌博、卖淫、嫖娼活动时，为违法犯罪行为人通风报信的，处十日以上十五日以下拘留。”

7. ×，解析：《治安管理处罚法》第16条规定：“有两种以上违反治安管理行为的，分别决定，合并执行。行政拘留处罚合并执行的，最长不超过二十日。”

8. √，解析：《治安管理处罚法》第17条第2款。

9. ×，解析：《治安管理处罚法》第19条规定：“违反治安管理有下列情形之一的，减轻处罚或者不予处罚：（一）情节特别轻微的；（二）主动消除或者减轻违法后果，并取得被侵害人谅解的；（三）出于他人胁迫或者诱骗的；（四）主动投案，向公安机关如实陈述自己的违法行为的；（五）有立功表现的。”

（二）单选题

1. C，解析：《治安管理处罚法》第28条规定：“违反国家规定，故意干扰无线电业务正常进行的，或者对正常运行的无线电台（站）产生有害干扰，经有关主管部门指出后，拒不采取有效措施消除的，处五日以上十日以下拘留；情节严重的，处十日以上十五日以下拘留。”

2. D，解析：《治安管理处罚法》第29条规定：“有下列行为之一的，处五日以下拘留；情节较重的，处五日以上十日以下拘留：（一）违反国家规定，侵入计算机信息系统，造成危害的；（二）违反国家规定，对计算机信息系统功能进行删除、修改、增加、干扰，造成计算机信息系统不能正常运行的；（三）违反国家规定，对计算机信息系统中存储、处理、传输的数据和应用程序进行删除、修改、增加的；（四）故意制作、传播计算机病毒等破坏性程序，影响计算机信息系统正常运行的。”

3. C，解析：《治安管理处罚法》第46条规定：“强买强卖商品，强迫他人提供服务或者强迫他人接受服务的，处五日以上十日以下拘留，并处二百元以上五百元以下罚款；情节较轻的，处五日以下拘留或者五百元以下罚款。”

4. C，解析：《治安管理处罚法》第74条规定：“旅馆业、饮食服务业、文化娱乐业、出租汽车业等单位的人员，在公安机关查处吸毒、赌博、卖淫、嫖娼活动时，为违法犯罪行为人通风报信的，处十日以上十五日以下拘留。”

5. A，解析：《治安管理处罚法》第 79 条规定，公安机关及其人民警察对治安案件的调查，应当依法进行。严禁刑讯逼供或者采用威胁、引诱、欺骗等非法手段收集证据。以非法手段收集的证据不得作为处罚的根据。
6. D，解析：《治安管理处罚法》第 81 条第 1 款规定："人民警察在办理治安案件过程中，遇有下列情形之一的，应当回避；违反治安管理行为人、被侵害人或者其法定代理人也有权要求他们回避：（一）是本案当事人或者当事人的近亲属的；（二）本人或者其近亲属与本案有利害关系的；（三）与本案当事人有其他关系，可能影响案件公正处理的。"
7. B，解析：《治安管理处罚法》第 82 条第 1 款规定，需要传唤违反治安管理行为人接受调查的，经公安机关办案部门负责人批准，使用传唤证传唤。对现场发现的违反治安管理行为人，人民警察经出示工作证件，可以口头传唤，但应当在询问笔录中注明。
8. C，解析：《治安管理处罚法》第 83 条第 1 款规定，对违反治安管理行为人，公安机关传唤后应当及时询问查证，询问查证的时间不得超过 8 小时；情况复杂，依照本法规定可能适用行政拘留处罚的，询问查证的时间不得超过 24 小时。
9. A，解析：《治安管理处罚法》第 115 条规定，公安机关依法实施罚款处罚，应当依照有关法律、行政法规的规定，实行罚款决定与罚款收缴分离；收缴的罚款应当全部上缴国库。

（三）多选题

1. ABCD，解析：《治安管理处罚法》第 29 条规定："有下列行为之一的，处五日以下拘留；情节较重的，处五日以上十日以下拘留：（一）违反国家规定，侵入计算机信息系统，造成危害的；（二）违反国家规定，对计算机信息系统功能进行删除、修改、增加、干扰，造成计算机信息系统不能正常运行的；（三）违反国家规定，对计算机信息系统中存储、处理、传输的数据和应用程序进行删除、修改、增加的；（四）故意制作、传播计算机病毒等破坏性程序，影响计算机信息系统正常运行的。"
2. ABCD，解析：《治安管理处罚法》第 28 条规定："违反国家规定，故意干扰无线电业务正常进行的，或者对正常运行的无线电台（站）产生有害干扰，经有关主管部门指出后，拒不采取有效措施消除的，处五日以上十日以下拘留；情节严重的，处十日以上十五日以下拘留。"第 29 条规定："有下列行为之一的，处五日以下拘留；情节较重的，处五日以上十日以下拘留：

（一）违反国家规定，侵入计算机信息系统，造成危害的；（二）违反国家规定，对计算机信息系统功能进行删除、修改、增加、干扰，造成计算机信息系统不能正常运行的；（三）违反国家规定，对计算机信息系统中存储、处理、传输的数据和应用程序进行删除、修改、增加的；（四）故意制作、传播计算机病毒等破坏性程序，影响计算机信息系统正常运行的。”第 68 条规定：“制作、运输、复制、出售、出租淫秽的书刊、图片、影片、音像制品等淫秽物品或者利用计算机信息网络、电话以及其他通讯工具传播淫秽信息的，处十日以上十五日以下拘留，可以并处三千元以下罚款；情节较轻的，处五日以下拘留或者五百元以下罚款。”第 47 条规定：“煽动民族仇恨、民族歧视，或者在出版物、计算机信息网络中刊载民族歧视、侮辱内容的，处十日以上十五日以下拘留，可以并处一千元以下罚款。”

3. BD，解析：《治安管理处罚法》第 49 条规定：“盗窃、诈骗、哄抢、抢夺、敲诈勒索或者故意损毁公私财物的，处五日以上十日以下拘留，可以并处五百元以下罚款；情节较重的，处十日以上十五日以下拘留，可以并处一千元以下罚款。”
4. ABCD，解析：《治安管理处罚法》第 50 条规定：“有下列行为之一的，处警告或者二百元以下罚款；情节严重的，处五日以上十日以下拘留，可以并处五百元以下罚款：（一）拒不执行人民政府在紧急状态情况下依法发布的决定、命令的；（二）阻碍国家机关工作人员依法执行职务的；（三）阻碍执行紧急任务的消防车、救护车、工程抢险车、警车等车辆通行的；（四）强行冲闯公安机关设置的警戒带、警戒区的。阻碍人民警察依法执行职务的，从重处罚。”
5. ABCD，解析：《治安管理处罚法》第 52 条规定：“有下列行为之一的，处十日以上十五日以下拘留，可以并处一千元以下罚款；情节较轻的，处五日以上十日以下拘留，可以并处五百元以下罚款：（一）伪造、变造或者买卖国家机关、人民团体、企业、事业单位或者其他组织的公文、证件、证明文件、印章的；（二）买卖或者使用伪造、变造的国家机关、人民团体、企业、事业单位或者其他组织的公文、证件、证明文件的；（三）伪造、变造、倒卖车票、船票、航空客票、文艺演出票、体育比赛入场券或者其他有价票证、凭证的；（四）伪造、变造船舶户牌，买卖或者使用伪造、变造的船舶户牌，或者涂改船舶发动机号码的。”
6. BCD，解析：《治安管理处罚法》第 113 条规定，公安机关及其人民警察办理治安案件，禁止对违反治安管理行为人打骂、虐待或者侮辱。

7. AC，解析：《治安管理处罚法》第 114 条第 1 款规定，公安机关及其人民警察办理治安案件，应当自觉接受社会和公民的监督。

8. CD，解析：《治安管理处罚法》第 82 条第 2 款规定，公安机关应当将传唤的原因和依据告知被传唤人。对无正当理由不接受传唤或者逃避传唤的人，可以强制传唤。

（四）填空题

1. 故意；有害干扰。（《治安管理处罚法》第 28 条）
2. 计算机信息网络；罚款。（《治安管理处罚法》第 68 条）
3. 10 日以上 15 日以下；罚款。（《治安管理处罚法》第 47 条）
4. 强买强卖；罚款。（《治安管理处罚法》第 46 条）
5. 文化娱乐业。（《治安管理处罚法》第 74 条）
6. 全国；本行政区域内；国务院公安部门。（《治安管理处罚法》第 7 条）
7. 民事责任。（《治安管理处罚法》第 8 条）
8. 民间纠纷。（《治安管理处罚法》第 9 条）

（五）简答题

1. 答：《治安管理处罚法》第 29 条规定："有以下行为之一的，处五日以下拘留；情节较重的，处五日以上十日以下拘留：（一）违反国家规定，侵入计算机信息系统，造成危害的；（二）违反国家规定，对计算机信息系统功能进行删除、修改、增加、干扰，造成计算机信息系统不能正常运行的；（三）违反国家规定，对计算机信息系统中存储、处理、传输的数据和应用程序进行删除、修改、增加的；（四）故意制作、传播计算机病毒等破坏性程序，影响计算机信息系统正常运行的。"

2. 答：《治安管理处罚法》第 68 条规定："制作、运输、复制、出售、出租淫秽的书刊、图片、影片、音像制品等淫秽物品或者利用计算机信息网络、电话以及其他通讯工具传播淫秽信息的，处十日以上十五日以下拘留，可以并处三千元以下罚款；情节较轻的，处五日以下拘留或者五百元以下罚款。"

3. 答：《治安管理处罚法》第 24 条规定："有下列行为之一，扰乱文化、体育等大型群众性活动秩序的，处警告或者二百元以下罚款；情节严重的，处五日以上十日以下拘留，可以并处五百元以下罚款：（一）强行进入场内的；（二）违反规定，在场内燃放烟花爆竹或者其他物品的；（三）展示侮辱性标语、条幅等物品的；（四）围攻裁判员、运动员或者其他工作人员的；（五）向场内投掷杂物，不听制止的；（六）扰乱大型群众性活动秩序的其他行为。”

4. 答：《治安管理处罚法》第 32 条规定：“非法携带枪支、弹药或者弩、匕首等国家规定的管制器具的，处五日以下拘留，可以并处五百元以下罚款；情节较轻的，处警告或者二百元以下罚款。非法携带枪支、弹药或者弩、匕首等国家规定的管制器具进入公共场所或者公共交通工具的，处五日以上十日以下拘留，可以并处五百元以下罚款。”

5. 答：《治安管理处罚法》第 44 条规定：“猥亵他人的，或者在公共场所故意裸露身体，情节恶劣的，处五日以上十日以下拘留；猥亵智力残疾人、精神病人、不满十四周岁的人或者有其他严重情节的，处十日以上十五日以下拘留。”

九、刑法

（一）判断题

1. 凡在中华人民共和国领域外犯罪、依照本法应当负刑事责任的，虽然经过外国审判，仍然可以依照本法处理；但是在外国已经受过刑罚处罚的，可以免除或者减轻处罚。（　　）
2. 享有外交特权和豁免权的外国人的刑事责任问题，通过外交途径解决。（　　）
3. 明知自己的行为会发生危害社会的结果，并且希望或者放任这种结果发生，因而构成犯罪的，是故意犯罪。（　　）
4. 行为在客观上虽然造成了损害结果，但是不是出于故意或者过失，而是由于不能抗拒或者不能预见的原因所引起的，也认为是犯罪。（　　）
5. 又聋又哑的人或者盲人犯罪，应当从轻、减轻或者免除处罚。（　　）
6. 正当防卫超过必要限度造成不应有的危害的，应当负刑事责任；但是应当酌情减轻或者免除处罚。

（二）单选题

1. 下列不属于操纵证券、期货市场情形的是：（　　）

   A. 单独或者合谋，集中资金优势、持股或者持仓优势或者利用信息优势联合或者连续买卖，操纵证券、期货交易价格或者证券、期货交易量的

   B. 与他人串通，以事先约定的时间、价格和方式相互进行证券、期货交易，影响证券、期货交易价格或者证券、期货交易量的

   C. 在自己实际控制的账户之间进行证券交易，或者以自己为交易对象，自买自卖期货合约，影响证券、期货交易价格或者证券、期货交易量的

   D. 编造并且传播影响证券、期货交易的虚假信息，扰乱证券、期货交易市场

2. 公司、企业或者其他单位，违反国家规定，擅自将外汇存放境外，或者

将境内的外汇非法转移到境外，数额较大的，对单位判处(　　)，并对其直接负责的主管人员和其他直接责任人员处(　　)。

A. 逃汇数额5%以上30%以下罚金；3年以下有期徒刑或者拘役

B. 逃汇数额5%以上30%以下罚金；5年以下有期徒刑或者拘役

C. 逃汇数额10%以上50%以下罚金；3年以下有期徒刑或者拘役

D. 逃汇数额10%以上50%以下罚金；5年以下有期徒刑或者拘役

3. 伪造或者倒卖伪造的车票、船票、邮票或者其他有价票证，(　　)。

A. 数额较大的，处2年以下有期徒刑、拘役或者管制，并处或者单处票证价额1倍以上5倍以下罚金

B. 数额较大的，处3年以下有期徒刑、拘役或者管制，并处或者单处票证价额1倍以上5倍以下罚金

C. 数额较大的，处2年以下有期徒刑或者拘役，并处票证价额1倍以上5倍以下罚金

D. 数额较大的，处3年以下有期徒刑或者拘役，并处票证价额1倍以上5倍以下罚金

4. 承担资产评估的中介组织的人员故意提供虚假证明文件，情节严重的，处(　　)，并处罚金。

A. 5年以下有期徒刑或者拘役

B. 3年以下有期徒刑或者拘役

C. 2年以下有期徒刑、拘役或者管制

D. 5年以下有期徒刑、拘役或者管制

(三) 多选题

1. 网络服务提供者不履行法律、行政法规规定的信息网络安全管理义务，经监管部门责令采取改正措施而拒不改正，有(　　)，处3年以下有期徒刑、拘役或者管制，并处或者单处罚金。

A. 致使违法信息大量传播的

B. 致使用户信息泄露，造成严重后果的

C. 致使刑事案件证据灭失，情节严重的

D. 有其他严重情节的

2. 利用信息网络实施(　　)，情节严重的，处 3 年以下有期徒刑或者拘役，并处或者单处罚金。
   A. 设立用于实施诈骗、传授犯罪方法、制作或者销售违禁物品、管制物品等违法犯罪活动的网站、通讯群组的
   B. 发布有关销售毒品、枪支等违禁物品、管制物品或者其他违法犯罪信息的
   C. 为实施诈骗等违法犯罪活动发布信息的
   D. 发布有关制作淫秽物品信息的
3. 聚众斗殴的，对首要分子和其他积极参加的，处 3 年以下有期徒刑、拘役或者管制；(　　)，对首要分子和其他积极参加的，处 3 年以上 10 年以下有期徒刑。
   A. 多次聚众斗殴的
   B. 聚众斗殴人数多，规模大，社会影响恶劣的
   C. 在公共场所或者交通要道聚众斗殴，造成社会秩序严重混乱的
   D. 持械聚众斗殴的
4. (　　)，破坏社会秩序的，处 5 年以下有期徒刑、拘役或者管制。
   A. 随意殴打他人，情节恶劣的
   B. 追逐、拦截、辱骂、恐吓他人，情节恶劣的
   C. 强拿硬要或者任意损毁、占用公私财物，情节严重的
   D. 在公共场所起哄闹事，造成公共场所秩序严重混乱的
5. 非法采集、供应血液或者制作、供应血液制品，不符合国家规定的标准，(　　)。
   A. 处 3 年以下有期徒刑、拘役或者管制，并处或者单处罚金
   B. 足以危害人体健康的，处 5 年以下有期徒刑或者拘役，并处罚金
   C. 对人体健康造成严重危害的，处 5 年以上 10 年以下有期徒刑，并处罚金
   D. 造成特别严重后果的，处 10 年以上有期徒刑或者无期徒刑，并处罚金或者没收财产

（四）填空题

1. 破坏武器装备、军事设施、____的，处3年以下有期徒刑、拘役或者管制。
2. ____战时拒绝、逃避征召或者军事训练，情节严重的，处3年以下有期徒刑或者拘役。____战时拒绝、逃避服役，情节严重的，处2年以下有期徒刑或者拘役。
3. 战时拒绝或者____军事订货，情节严重的，对单位判处罚金，并对其直接负责的主管人员和其他直接责任人员，处5年以下有期徒刑或者拘役。
4. 战时拒绝军事征收、____，情节严重的，处3年以下有期徒刑或者拘役。
5. 冒充国家工作人员____的，处3年以下有期徒刑、拘役、管制或者____；情节严重的，处3年以上10年以下有期徒刑。
6. 以____为目的，聚众赌博或者以赌博为业的，处3年以下有期徒刑、拘役或者管制，可以并处____。

（五）简答题

1. 简述被判处管制的犯罪分子，在执行期间，必须遵守的规定。
2. 简述剥夺政治权利的含义。
3. 根据《刑法》的规定，犯罪经过多长期限不再追诉？

参考答案

（一）判断题

1. √，解析：《刑法》第10条。
2. √，解析：《刑法》第11条。
3. √，解析：《刑法》第14条。
4. ×，解析：《刑法》第16条规定，行为在客观上虽然造成了损害结果，但是不是出于故意或者过失，而是由于不能抗拒或者不能预见的原因所引起的，不认为是犯罪。
5. ×，解析：《刑法》第19条规定，又聋又哑的人或者盲人犯罪，可以从轻、减轻或者免除处罚。

6. √，解析：《刑法》第20条。

（二）单选题

1. D，解析：《刑法》第181条规定："编造并且传播影响证券、期货交易的虚假信息，扰乱证券、期货交易市场，造成严重后果的，处五年以下有期徒刑或者拘役，并处或者单处一万元以上十万元以下罚金。证券交易所、期货交易所、证券公司、期货经纪公司的从业人员，证券业协会、期货业协会或者证券期货监督管理部门的工作人员，故意提供虚假信息或者伪造、变造、销毁交易记录，诱骗投资者买卖证券、期货合约，造成严重后果的，处五年以下有期徒刑或者拘役，并处或者单处一万元以上十万元以下罚金；情节特别恶劣的，处五年以上十年以下有期徒刑，并处二万元以上二十万元以下罚金。单位犯前两款罪的，对单位判处罚金，并对其直接负责的主管人员和其他直接责任人员，处五年以下有期徒刑或者拘役。"

2. B，解析：《刑法》第190条规定："公司、企业或者其他单位，违反国家规定，擅自将外汇存放境外，或者将境内的外汇非法转移到境外，数额较大的，对单位判处逃汇数额百分之五以上百分之三十以下罚金，并对其直接负责的主管人员和其他直接责任人员处五年以下有期徒刑或者拘役；数额巨大或者有其他严重情节的，对单位判处逃汇数额百分之五以上百分之三十以下罚金，并对其直接负责的主管人员和其他直接责任人员处五年以上有期徒刑。"

3. A，解析：《刑法》第227条规定："伪造或者倒卖伪造的车票、船票、邮票或者其他有价票证，数额较大的，处二年以下有期徒刑、拘役或者管制，并处或者单处票证价额一倍以上五倍以下罚金；数额巨大的，处二年以上七年以下有期徒刑，并处票证价额一倍以上五倍以下罚金。倒卖车票、船票，情节严重的，处三年以下有期徒刑、拘役或者管制，并处或者单处票证价额一倍以上五倍以下罚金。"

4. A，解析：《刑法》第229条规定："承担资产评估、验资、验证、会计、审计、法律服务、保荐、安全评价、环境影响评价、环境监测等职责的中介组织的人员故意提供虚假证明文件，情节严重的，处五年以下有期徒刑或者拘役，并处罚金；有下列情形之一的，处五年以上十年以下有期徒刑，并处罚金：（一）提供与证券发行相关的虚假的资产评估、会计、审计、法律服务、保荐等证明文件，情节特别严重的；（二）提供与重大资产交易相关的虚假的资产评估、会计、审计等证明文件，情节特别严重的；（三）在涉及公共安全的重大工程、项目中提供虚假的安全评价、环境影响评价等证明文件，致使公共财产、国家和人民利益遭受特别重大损失的。有前款行为，同时索取他人财物或者非法收受他人财物构成犯罪的，依照处罚较重的规定定罪处罚。第一款规定的人员，严重不负责任，出具的证明文件有重大失实，造成严重后果的，处三年以下有期徒刑或者拘役，并处或者单处罚金。"

（三）多选题

1. ABCD，解析：《刑法》第 286 条规定："网络服务提供者不履行法律、行政法规规定的信息网络安全管理义务，经监管部门责令采取改正措施而拒不改正，有下列情形之一的，处三年以下有期徒刑、拘役或者管制，并处或者单处罚金：（一）致使违法信息大量传播的；（二）致使用户信息泄露，造成严重后果的；（三）致使刑事案件证据灭失，情节严重的；（四）有其他严重情节的。单位犯前款罪的，对单位判处罚金，并对其直接负责的主管人员和其他直接责任人员，依照前款的规定处罚。有前两款行为，同时构成其他犯罪的，依照处罚较重的规定定罪处罚。"
2. ABC，解析：《刑法》第 287 条之一规定："利用信息网络实施下列行为之一，情节严重的，处三年以下有期徒刑或者拘役，并处或者单处罚金：（一）设立用于实施诈骗、传授犯罪方法、制作或者销售违禁物品、管制物品等违法犯罪活动的网站、通讯群组的；（二）发布有关制作或者销售毒品、枪支、淫秽物品等违禁物品、管制物品或者其他违法犯罪信息的；（三）为实施诈骗等违法犯罪活动发布信息的。单位犯前款罪的，对单位判处罚金，并对其直接负责的主管人员和其他直接责任人员，依照第一款的规定处罚。有前两款行为，同时构成其他犯罪的，依照处罚较重的规定定罪处罚。"
3. ABCD，解析：《刑法》第 292 条规定："聚众斗殴的，对首要分子和其他积极参加的，处三年以下有期徒刑、拘役或者管制；有下列情形之一的，对首要分子和其他积极参加的，处三年以上十年以下有期徒刑：（一）多次聚众斗殴的；（二）聚众斗殴人数多，规模大，社会影响恶劣的；（三）在公共场所或者交通要道聚众斗殴，造成社会秩序严重混乱的；（四）持械聚众斗殴的。聚众斗殴，致人重伤、死亡的，依照本法第二百三十四条、第二百三十二条的规定定罪处罚。"
4. ABCD，解析《刑法》第 293 条规定："有下列寻衅滋事行为之一，破坏社会秩序的，处五年以下有期徒刑、拘役或者管制：（一）随意殴打他人，情节恶劣的；（二）追逐、拦截、辱骂、恐吓他人，情节恶劣的；（三）强拿硬要或者任意损毁、占用公私财物，情节严重的；（四）在公共场所起哄闹事，造成公共场所秩序严重混乱的。”

5. BCD，解析：《刑法》第 334 条规定：“非法采集、供应血液或者制作、供应血液制品，不符合国家规定的标准，足以危害人体健康的，处五年以下有期徒刑或者拘役，并处罚金；对人体健康造成严重危害的，处五年以上十年以下有期徒刑，并处罚金；造成特别严重后果的，处十年以上有期徒刑或者无期徒刑，并处罚金或者没收财产。经国家主管部门批准采集、供应血液或者制作、供应血液制品的部门，不依照规定进行检测或者违背其他操作规定，造成危害他人身体健康后果的，对单位判处罚金，并对其直接负责的主管人员和其他直接责任人员，处五年以下有期徒刑或者拘役。”

（四）填空题

1. 军事通信。（《刑法》第 369 条）
2. 预备役人员；公民。（《刑法》第 376 条）
3. 故意延误。（《刑法》第 380 条）
4. 征用。（《刑法》第 381 条）
5. 招摇撞骗；政治权利（《刑法》第 166 条）
6. 营利；罚金（《刑法》第 168 条）

（五）简答题

1. 答：《刑法》第 39 条规定：“被判处管制的犯罪分子，在执行期间，应当遵守下列规定：（一）遵守法律、行政法规，服从监督；（二）未经执行机关批准，不得行使言论、出版、集会、结社、游行、示威自由的权利；（三）按照执行机关规定报告自己的活动情况；（四）遵守执行机关关于会客的规定；（五）离开所居住的市、县或者迁居，应当报经执行机关批准。对于被判处管制的犯罪分子，在劳动中应当同工同酬。”
2. 答：《刑法》第 54 条规定：“剥夺政治权利是剥夺下列权利：（一）选举权和被选举权；（二）言论、出版、集会、结社、游行、示威自由的权利；（三）担任国家机关职务的权利；（四）担任国有公司、企业、事业单位和人民团体领导职务的权利。”
3. 答：《刑法》第 87 条规定：“犯罪经过下列期限不再追诉：（一）法定最高刑为不满五年有期徒刑的，经过五年；（二）法定最高刑为五年以上不满十年有期徒刑的，经过十年；（三）法定最高刑为十年以上有期徒刑的，经过十五年；（四）法定最高刑为无期徒刑、死刑的，经过二十年。如果二十年以后认为必须追诉的，须报请最高人民检察院核准。”

十、烈士褒扬条例

（一）判断题

1. 为了弘扬烈士精神，抚恤优待烈士遗属，制定本条例。（　　）
2. 公民在保卫祖国和社会主义建设事业中牺牲被评定为烈士的，依照本条例的规定予以褒扬。（　　）
3. 国家对烈士遗属给予的抚恤优待应当随经济社会的发展逐步提高，保障烈士遗属的生活不低于全国居民的平均生活水平。（　　）
4. 烈士褒扬和烈士遗属抚恤优待经费列入财政预算。（　　）
5. 县级以上人民政府应当加强对烈士纪念设施的保护和管理，为纪念烈士提供良好的场所。（　　）
6. 国务院退役军人事务部门负责全国的烈士褒扬工作。县级以上地方人民政府退役军人事务部门负责本行政区域的烈士褒扬工作。（　　）
7. 省级以上人民政府每年在烈士纪念日举行颁授仪式，向烈士遗属颁授烈士证书。（　　）

（二）单选题

1. 根据《烈士褒扬条例》，下列哪一说法是错误的？（　　）
   A. 对在烈士褒扬工作中做出显著成绩的单位和个人，按照国家有关规定给予表彰、奖励。
   B. 烈士遗属享受相应的医疗优惠待遇，具体办法由省、自治区、直辖市人民政府规定。
   C. 年满 60 周岁的孤老烈士遗属本人自愿的，可以在光荣院、敬老院集中供养
   D. 按照国家有关规定修建的烈士陵园、纪念堂馆、纪念碑亭、纪念塔祠、纪念塑像、烈士骨灰堂、烈士墓等烈士纪念设施，受法律保护
2. 下列哪一选项不符合《烈士褒扬条例》的规定？（　　）

A. 位于境外的中国烈士纪念设施的保护，由国务院退役军人事务部门会同外交部等有关部门办理

B. 本条例所称战时，是指国家宣布进入战争状态、部队受领作战任务或者遭敌突然袭击时

C. 冒领烈士褒扬金、抚恤金，出具假证明或者伪造证件、印章骗取烈士褒扬金或者抚恤金的，由退役军人事务部门责令退回非法所得；构成犯罪的，依法追究刑事责任

D. 烈士在烈士陵园安葬。未在烈士陵园安葬的，省级人民政府征得烈士遗属同意，可以迁移到烈士陵园安葬，或者予以集中安葬

3. 关于烈士纪念，下列哪一说法是错误的？（　　）

A. 按照国家有关规定修建的烈士陵园、纪念堂馆、纪念碑亭、纪念塔祠、纪念塑像、烈士骨灰堂、烈士墓等烈士纪念设施，受法律保护

B. 烈士纪念设施应当免费向社会开放

C. 国家对烈士纪念设施实行平等保护

D. 县级以上人民政府有关部门应当做好烈士纪念设施的保护和管理工作。未经批准，不得新建、改建、扩建或者迁移烈士纪念设施

4. 下列哪一选项不符合《烈士褒扬条例》对于烈士褒扬、优待的要求？（　　）

A. 对在烈士褒扬工作中做出显著成绩的单位和个人，按照国家有关规定给予表彰、奖励

B. 国家鼓励公民、法人和其他组织为烈士褒扬和烈士遗属抚恤优待提供捐助

C. 烈士遗属享受相应的医疗优惠待遇，具体办法由省、自治区、直辖市人民政府规定

D. 家住农村的烈士遗属住房有困难的，由省级人民政府帮助解决

5. 对于烈士待遇的保护与限制，下列哪一说法是错误的？（　　）

A. 烈士遗属因犯罪被判处有期徒刑、剥夺政治权利或者被司法机关通缉期间，取消其烈士遗属抚恤和优待资格

B. 县级以上人民政府有关部门应当做好烈士纪念设施的保护和管理工作。未经批准，不得新建、改建、扩建或者迁移烈士纪念设施

C. 在烈士纪念设施保护范围内不得从事与纪念烈士无关的活动。禁止以任何方式破坏、污损烈士纪念设施
D. 军队评定的烈士，由中央军事委员会政治工作部送国务院退役军人事务部门备案

6. 关于烈士的评定，下列哪一选项不符合《烈士褒扬条例》的规定？（　　）
A. 公民在保卫祖国和社会主义建设事业中牺牲被评定为烈士的，依照本条例的规定予以褒扬
B. 烈士证书以党和国家功勋荣誉表彰工作委员会办公室名义制发
C. 县级以上人民政府每年在烈士纪念日举行颁授仪式，向烈士遗属颁授烈士证书
D. 对于境外的中国烈士纪念设施的保护，由国务院退役军人事务部门专门管理

（三）多选题

1. 关于烈士的保护与优待，下列哪些说法是正确的？（　　）
A. 为了弘扬烈士精神，抚恤优待烈士遗属，制定本条例
B. 烈士的遗属，依照本条例的规定享受抚恤优待
C. 全社会应当支持烈士褒扬工作，优待帮扶烈士遗属
D. 烈士褒扬和烈士遗属抚恤优待经费列入财政预算

2. 下列哪些说法符合国家机关与社会组织褒扬烈士的规定？（　　）
A. 机关、团体、企业事业单位应当采取多种形式纪念烈士，学习、宣传烈士事迹
B. 国务院退役军人事务部门负责全国的烈士褒扬工作。县级以上地方人民政府退役军人事务部门负责本行政区域的烈士褒扬工作
C. 对在烈士褒扬工作中做出显著成绩的单位和个人，按照国家有关规定给予表彰、奖励
D. 享受定期抚恤金的烈士遗属死亡的，增发3月其原享受的定期抚恤金作为丧葬补助费，同时注销其定期抚恤金领取证，停发定期抚恤金

3. 下列哪些做法符合《烈士褒扬条例》的规定？（　　）

A. 军队评定的烈士，由中央军事委员会政治工作部送当地人民政府备案

B. 烈士遗属不再符合本条例规定的享受定期抚恤金条件的，应当注销其定期抚恤金领取证，停发定期抚恤金

C. 烈士遗属因犯罪被判处有期徒刑、剥夺政治权利或者被司法机关通缉期间，中止其享受的抚恤和优待；被判处死刑、无期徒刑的，取消其烈士遗属抚恤和优待资格

D. 在烈士纪念设施保护范围内不得从事与纪念烈士无关的活动。禁止以任何方式破坏、污损烈士纪念设施

4. 下列哪些做法符合褒扬烈士的法律规定？（　　）

A. 烈士在烈士陵园安葬。未在烈士陵园安葬的，县级以上人民政府征得烈士遗属同意，可以迁移到烈士陵园安葬，或者予以集中安葬

B. 行政机关公务员、烈士纪念设施保护单位工作人员贪污、挪用烈士褒扬经费的，由上级人民政府退役军人事务部门责令退回、追回，依法给予处分；构成犯罪的，依法追究刑事责任

C. 冒领烈士褒扬金、抚恤金，出具假证明或者伪造证件、印章骗取烈士褒扬金或者抚恤金的，由退役军人事务部门责令退回非法所得；构成犯罪的，依法追究刑事责任

D. 按照国家有关规定修建的烈士陵园、纪念堂馆、纪念碑亭、纪念塔祠、纪念塑像、烈士骨灰堂、烈士墓等烈士纪念设施，受法律保护

5. 关于烈士的待遇，下列哪些说法是正确的？（　　）

A. 烈士纪念设施保护单位应当搜集、整理、保管、陈列烈士遗物和事迹史料。属于文物的，依照有关法律、法规的规定予以保护

B. 按照本条例规定评定为烈士的，由国务院退役军人事务部门负责将烈士名单呈报党和国家功勋荣誉表彰工作委员会

C. 县级以上人民政府每年在烈士纪念日举行颁授仪式，向烈士遗属颁授烈士证书

D. 烈士遗属享受相应的医疗优惠待遇，具体办法由省、自治区、直辖市人民政府规定

（四）填空题

1. 各级人民政府应当把宣传烈士事迹作为社会主义精神文明建设的重要内容，培养公民的____，____，____。机关、团体、企业事业单位应当采取多种形式纪念烈士，学习、宣传烈士事迹。
2. 烈士遗属因犯罪被判处有期徒刑、剥夺政治权利或者被司法机关通缉期间，____；被判处死刑、无期徒刑的，取消其____，____。
3. 各级人民政府应当组织收集、整理____，编纂____。
4. ____参照全国城乡居民家庭人均收入水平确定。定期抚恤金的标准及其调整办法，由____会同____规定。
5. 国家对烈士纪念设施实行____。分级的具体标准由国务院退役军人事务部门规定。

（五）简答题

1. 行政机关公务员在烈士褒扬和抚恤优待工作中有哪些情形之一的，依法给予处分；构成犯罪的，依法追究刑事责任？
2. 符合哪些条件之一的烈士遗属，享受定期抚恤金？
3. 公民牺牲符合哪些情形之一的，评定为烈士？

参考答案

（一）判断题

1. √，解析：《烈士褒扬条例》第 1 条。
2. √，解析：《烈士褒扬条例》第 2 条。
3. ×，解析：《烈士褒扬条例》第 3 条规定，国家对烈士遗属给予的抚恤优待应当随经济社会的发展逐步提高，保障烈士遗属的生活不低于当地居民的平均生活水平。全社会应当支持烈士褒扬工作，优待帮扶烈士遗属。国家鼓励公民、法人和其他组织为烈士褒扬和烈士遗属抚恤优待提供捐助。
4. √，解析：《烈士褒扬条例》第 4 条。
5. √，解析：《烈士褒扬条例》第 5 条。
6. √，解析：《烈士褒扬条例》第 6 条。

7. ×，解析：《烈士褒扬条例》第13条规定，县级以上人民政府每年在烈士纪念日举行颁授仪式，向烈士遗属颁授烈士证书。

（二）单选题

1. C，解析：《烈士褒扬条例》第7条规定，对在烈士褒扬工作中做出显著成绩的单位和个人，按照国家有关规定给予表彰、奖励。《烈士褒扬条例》第21条规定，烈士遗属享受相应的医疗优惠待遇，具体办法由省、自治区、直辖市人民政府规定。《烈士褒扬条例》第24条规定，男年满60周岁、女年满55周岁的孤老烈士遗属本人自愿的，可以在光荣院、敬老院集中供养。各类社会福利机构应当优先接收烈士遗属。《烈士褒扬条例》第26条规定，按照国家有关规定修建的烈士陵园、纪念堂馆、纪念碑亭、纪念塔祠、纪念塑像、烈士骨灰堂、烈士墓等烈士纪念设施，受法律保护。
2. D，解析：《烈士褒扬条例》第42条规定，位于境外的中国烈士纪念设施的保护，由国务院退役军人事务部门会同外交部等有关部门办理。《烈士褒扬条例》第40条规定，本条例所称战时，是指国家宣布进入战争状态、部队受领作战任务或者遭敌突然袭击时。《烈士褒扬条例》第39条规定，冒领烈士褒扬金、抚恤金，出具假证明或者伪造证件、印章骗取烈士褒扬金或者抚恤金的，由退役军人事务部门责令退回非法所得；构成犯罪的，依法追究刑事责任。《烈士褒扬条例》第33条规定，烈士在烈士陵园安葬。未在烈士陵园安葬的，县级以上人民政府征得烈士遗属同意，可以迁移到烈士陵园安葬，或者予以集中安葬。
3. C，解析：《烈士褒扬条例》第26条规定，按照国家有关规定修建的烈士陵园、纪念堂馆、纪念碑亭、纪念塔祠、纪念塑像、烈士骨灰堂、烈士墓等烈士纪念设施，受法律保护。《烈士褒扬条例》第28条规定，烈士纪念设施应当免费向社会开放。烈士纪念设施保护单位应当健全管理工作规范，维护纪念烈士活动的秩序，提高管理和服务水平。《烈士褒扬条例》第27条规定，国家对烈士纪念设施实行分级保护。分级的具体标准由国务院退役军人事务部门规定。国家级烈士纪念设施，由国务院退役军人事务部门报国务院批准后公布。地方各级烈士纪念设施，由县级以上地方人民政府退役军人事务部门报本级人民政府批准后公布，并报上一级人民政府退役军人事务部门备案。各级人民政府应当确定烈士纪念设施保护单位，并划定烈士纪念设施保护范围。《烈士褒扬条例》第30条规定，县级以上人民政府有关部门应当做好烈士纪念设施的保护和管理工作。未经批准，不得新建、改建、扩建或者迁移烈士纪念设施。

4. D，解析：《烈士褒扬条例》第 7 条规定，对在烈士褒扬工作中做出显著成绩的单位和个人，按照国家有关规定给予表彰、奖励。《烈士褒扬条例》第 3 条规定，国家对烈士遗属给予的抚恤优待应当随经济社会的发展逐步提高，保障烈士遗属的生活不低于当地居民的平均生活水平。全社会应当支持烈士褒扬工作，优待帮扶烈士遗属。国家鼓励公民、法人和其他组织为烈士褒扬和烈士遗属抚恤优待提供捐助。《烈士褒扬条例》第 21 条规定，烈士遗属享受相应的医疗优惠待遇，具体办法由省、自治区、直辖市人民政府规定。《烈士褒扬条例》第 23 条规定，符合住房保障条件的烈士遗属承租廉租住房、购买经济适用住房的，县级以上地方人民政府有关部门应当给予优先、优惠照顾。家住农村的烈士遗属住房有困难的，由当地人民政府帮助解决。

5. A，解析：《烈士褒扬条例》第 25 条规定，烈士遗属因犯罪被判处有期徒刑、剥夺政治权利或者被司法机关通缉期间，中止其享受的抚恤和优待；被判处死刑、无期徒刑的，取消其烈士遗属抚恤和优待资格。《烈士褒扬条例》第 30 条规定，县级以上人民政府有关部门应当做好烈士纪念设施的保护和管理工作。未经批准，不得新建、改建、扩建或者迁移烈士纪念设施。《烈士褒扬条例》第 32 条规定，在烈士纪念设施保护范围内不得从事与纪念烈士无关的活动。禁止以任何方式破坏、污损烈士纪念设施。《烈士褒扬条例》第 10 条规定，军队评定的烈士，由中央军事委员会政治工作部送国务院退役军人事务部门备案。

6. D，解析：《烈士褒扬条例》第 2 条规定，公民在保卫祖国和社会主义建设事业中牺牲被评定为烈士的，依照本条例的规定予以褒扬。烈士的遗属，依照本条例的规定享受抚恤优待。《烈士褒扬条例》第 12 条规定，烈士证书以党和国家功勋荣誉表彰工作委员会办公室名义制发。《烈士褒扬条例》第 13 条规定，县级以上人民政府每年在烈士纪念日举行颁授仪式，向烈士遗属颁授烈士证书。《烈士褒扬条例》第 42 条规定，位于境外的中国烈士纪念设施的保护，由国务院退役军人事务部门会同外交部等有关部门办理。

（二）多选题

1. ABCD，解析：《烈士褒扬条例》第 1 条规定，烈士褒扬和烈士遗属抚恤优待经费列入财政预算。《烈士褒扬条例》第 2 规定，公民在保卫祖国和社会主义建设事业中牺牲被评定为烈士的，依照本条例的规定予以褒扬。烈士的遗属，依照本条例的规定享受抚恤优待。《烈士褒扬条例》第 3 规定，国家对烈士遗属给予的抚恤优待应当随经济社会的发展逐步提高，保障烈士遗属的生活不低于当地居民的平均生活水平。全社会应当支持烈士褒扬工作，优待帮扶烈士遗属。国家鼓励公民、法人和其他组织为烈士褒扬和烈士遗属抚恤优待提供捐助。《烈士褒扬条例》第4规定，烈士褒扬和烈士遗属抚恤优待经费列入财政预算。烈士褒扬和烈士遗属抚恤优待经费应当专款专用，接受财政部门、审计机关的监督。

2. ABC，解析：《烈士褒扬条例》第5规定，县级以上人民政府应当加强对烈士纪念设施的保护和管理，为纪念烈士提供良好的场所。各级人民政府应当把宣传烈士事迹作为社会主义精神文明建设的重要内容，培养公民的爱国主义、集体主义精神和社会主义道德风尚。机关、团体、企业事业单位应当采取多种形式纪念烈士，学习、宣传烈士事迹。《烈士褒扬条例》第6规定，国务院退役军人事务部门负责全国的烈士褒扬工作。县级以上地方人民政府退役军人事务部门负责本行政区域的烈士褒扬工作。《烈士褒扬条例》第7规定，对在烈士褒扬工作中做出显著成绩的单位和个人，按照国家有关规定给予表彰、奖励。《烈士褒扬条例》第20规定，烈士遗属不再符合本条例规定的享受定期抚恤金条件的，应当注销其定期抚恤金领取证，停发定期抚恤金。享受定期抚恤金的烈士遗属死亡的，增发6个月其原享受的定期抚恤金作为丧葬补助费，同时注销其定期抚恤金领取证，停发定期抚恤金。

3. BCD，解析：《烈士褒扬条例》第10规定，军队评定的烈士，由中央军事委员会政治工作部送国务院退役军人事务部门备案。《烈士褒扬条例》第20规定，烈士遗属不再符合本条例规定的享受定期抚恤金条件的，应当注销其定期抚恤金领取证，停发定期抚恤金。享受定期抚恤金的烈士遗属死亡的，增发6个月其原享受的定期抚恤金作为丧葬补助费，同时注销其定期抚恤金领取证，停发定期抚恤金。《烈士褒扬条例》第25规定，烈士遗属因犯罪被判处有期徒刑、剥夺政治权利或者被司法机关通缉期间，中止其享受的抚恤和优待；被判处死刑、无期徒刑的，取消其烈士遗属抚恤和优待资格。《烈士褒扬条例》第32规定，在烈士纪念设施保护范围内不得从事与纪念烈士无关的活动。禁止以任何方式破坏、污损烈士纪念设施。

4. ABCD，解析：《烈士褒扬条例》第33规定，烈士在烈士陵园安葬。未在烈士陵园安葬的，县级以上人民政府征得烈士遗属同意，可以迁移到烈士陵园安葬，或者予以集中安葬。《烈士褒扬条例》第36规定，行政机关公务员、烈士纪念设施保护单位工作人员贪污、挪用烈士褒扬经费的，由上级人民政府退役军人事务部门责令退回、追回，依法给予处分；构成犯罪的，依法追究刑事责任。《烈士褒扬条例》第 39 规定，冒领烈士褒扬金、抚恤金，出具假证明或者伪造证件、印章骗取烈士褒扬金或者抚恤金的，由退役军人事务部门责令退回非法所得；构成犯罪的，依法追究刑事责任。《烈士褒扬条例》第 26 规定，按照国家有关规定修建的烈士陵园、纪念堂馆、纪念碑亭、纪念塔祠、纪念塑像、烈士骨灰堂、烈士墓等烈士纪念设施，受法律保护。

5. ABCD，解析：《烈士褒扬条例》第 21 规定，烈士遗属享受相应的医疗优惠待遇，具体办法由省、自治区、直辖市人民政府规定。《烈士褒扬条例》第 29 规定，各级人民政府应当组织收集、整理烈士史料，编纂烈士英名录。烈士纪念设施保护单位应当搜集、整理、保管、陈列烈士遗物和事迹史料。属于文物的，依照有关法律、法规的规定予以保护。《烈士褒扬条例》第 11 规定，按照本条例规定评定为烈士的，由国务院退役军人事务部门负责将烈士名单呈报党和国家功勋荣誉表彰工作委员会。《烈士褒扬条例》第 13 规定，县级以上人民政府每年在烈士纪念日举行颁授仪式，向烈士遗属颁授烈士证书。

（四）填空题

1. 爱国主义；集体主义精神；社会主义道德风尚。（《烈士褒扬条例》第 5 条）
2. 抚恤和优待；烈士遗属抚恤；优待资格。（《烈士褒扬条例》第 25 条）
3. 烈士史料；烈士英名录。（《烈士褒扬条例》第 29 条）
4. 定期抚恤金标准；国务院退役军人事务部门；国务院财政部门。（《烈士褒扬条例》第 18 条）
5. 分级保护。（《烈士褒扬条例》第 27 条）

（五）简答题

1. 答：《烈士褒扬条例》第 35 条规定："行政机关公务员在烈士褒扬和抚恤优待工作中有下列情形之一的，依法给予处分；构成犯罪的，依法追究刑事责任：（一）违反本条例规定评定烈士或者审批抚恤优待的；（二）未按照规定的标准、数额、对象审批或者发放烈士褒扬金或者抚恤金的；（三）利用职务便利谋取私利的。"
2. 答：《烈士褒扬条例》第 16 条规定："符合下列条件之一的烈士遗属，享受定期抚恤金：（一）烈士的父母或者抚养人、配偶无劳动能力、无生活来源，或者收入水平低于当地居民的平均生活水平的；（二）烈士的子女未满 18 周岁，或者已满 18 周岁但因残疾或者正在上学而无生活来源的；（三）由烈士生前供养的兄弟姐妹未满 18 周岁，或者已满 18 周岁但因正在上学而无生活来源的。符合前款规定条件享受定期抚恤金的烈士遗属，由其户口所在地的县级人民政府退役军人事务部门发给定期抚恤金领取证，凭证领取定期抚恤金。”

3. 答：《烈士褒扬条例》第 8 条规定：“公民牺牲符合下列情形之一的，评定为烈士：（一）在依法查处违法犯罪行为、执行国家安全工作任务、执行反恐怖任务和处置突发事件中牺牲的；（二）抢险救灾或者其他为了抢救、保护国家财产、集体财产、公民生命财产牺牲的；（三）在执行外交任务或者国家派遣的对外援助、维持国际和平任务中牺牲的；（四）在执行武器装备科研试验任务中牺牲的；（五）其他牺牲情节特别突出，堪为楷模的。现役军人牺牲，预备役人员、民兵、民工以及其他人员因参战、参加军事演习和军事训练、执行军事勤务牺牲应当评定烈士的，依照《军人抚恤优待条例》的有关规定评定。”

十一、退役士兵安置条例

(一) 判断题

1. 为了规范退役士兵安置工作，保障退役士兵的合法权益，根据《兵役法》，制定本条例。(   )
2. 本条例所称退役士兵，是指依照《中国人民解放军现役士兵服役条例》的规定退出现役的义务兵。(   )
3. 退役士兵安置所需经费，地方各级人民政府负担。(   )
4. 全社会应当尊重、优待退役士兵，支持退役士兵安置工作。(   )
5. 人民政府有关部门和军队有关部门应当在各自职责范围内做好退役士兵安置工作。(   )

(二) 单选题

1. 关于退役士兵的安置地，下列哪一说法是错误的？(   )
   A. 安置地县级以上人民政府退役士兵安置工作主管部门负责接收退役士兵
   B. 退役士兵安置地为退役士兵入伍时的户口所在地
   C. 自主就业的退役士兵应当自被批准退出现役之日起60日内，持退出现役证件、介绍信到安置地县级人民政府退役士兵安置工作主管部门报到
   D. 退役士兵发生与服役有关的问题，由其原部队负责处理；发生与安置有关的问题，由安置地人民政府负责处理
2. 关于退役士兵的安置待遇，下列哪一说法是错误的？(   )
   A. 退役士兵无正当理由不按照规定时间报到超过30天的，视为放弃安置待遇
   B. 义务兵和服现役不满10年的士官退出现役的，由人民政府扶持自主就业
   C. 对从事个体经营的退役士兵，按照国家规定给予税收优惠，给予小额担保贷款扶持，从事微利项目的给予财政贴息
   D. 国家鼓励用人单位招收录用或者聘用自主就业的退役士兵，用人单位

招收录用或者聘用自主就业退役士兵符合规定条件的，依法享受税收等优惠

3. 下列哪一说法不符合《退役士兵安置条例》的规定？（　　）
   A. 有劳动能力的残疾退役士兵，优先享受国家规定的残疾人就业优惠政策
   B. 自主就业的退役士兵进入中等职业学校学习、报考成人高等学校或者普通高等学校的，按照国家有关规定享受优待
   C. 安置地县级以上地方人民政府应当按照属地管理的原则，对符合安排工作条件的退役士兵进行安置，保障其第一次就业
   D. 被评定为1级至3级残疾等级的义务兵和初级士官退出现役的，由国家供养终身

4. 下列哪一选项不符合退役士兵安置的程序性规定？（　　）
   A. 符合安排工作条件的退役士兵无正当理由拒不服从安置地人民政府安排工作的，视为放弃安排工作待遇；在待安排工作期间被依法追究刑事责任的，取消其安排工作待遇
   B. 军队的军人保险管理部门与地方的社会保险经办机构，应当按照国家有关规定为退役士兵办理保险关系转移接续手续
   C. 退役士兵就业应当随所在单位参加失业保险，其服现役年限视同失业保险缴费年限，并与实际缴费年限分开计算
   D. 退役士兵弄虚作假骗取安置待遇的，由安置地人民政府退役士兵安置工作主管部门取消相关安置待遇

5. 下列关于安置地以及安置责任的哪一说法是不正确的？（　　）
   A. 国家建立以扶持就业为主，自主就业、安排工作、退休、供养等多种方式相结合的退役士兵安置制度，妥善安置退役士兵
   B. 国务院退役士兵安置工作主管部门负责全国的退役士兵安置工作
   C. 国务院退役士兵安置工作主管部门和中国人民解放军总参谋部应当制定全国退役士兵的年度移交、接收计划
   D. 入伍时是普通高等学校在校学生的退役士兵，退出现役后不复学的，其安置地为退役士兵入伍时的户口所在地

（三）多选题

1. 根据《退役士兵安置条例》，下列哪些说法是正确的？（　　）
   A. 退役士兵发生与服役有关的问题，由其原部队负责处理；发生与安置有关的问题，由安置地人民政府负责处理
   B. 义务兵和服现役不满 12 年的士官退出现役的，由人民政府扶持自主就业
   C. 自主就业的退役士兵根据服现役年限领取一次性退役金
   D. 各级人民政府举办的公共就业人才服务机构，应当免费为退役士兵提供档案管理、职业介绍和职业指导服务
2. 下列哪些说法符合《退役士兵安置条例》的规定？（　　）
   A. 自主就业的退役士兵入伍前是国家机关、社会团体、企业事业单位工作人员或者职工的，退出现役后可以选择复职复工，其工资、福利和其他待遇不得低于本单位同等条件人员的平均水平
   B. 安置地人民政府应当在接收退役士兵的 3 个月内，完成本年度安排退役士兵工作的任务
   C. 合同存续期内单位依法关闭、破产、改制的，退役士兵与所在单位其他人员一同执行国家的有关规定
   D. 由人民政府安排工作的退役士兵，服现役年限和符合本条例规定的待安排工作时间计算为工龄，享受所在单位同等条件人员的工资、福利待遇
3. 关于安置退役士兵的程序，下列哪些说法是正确的？（　　）
   A. 退役士兵服现役年限计算为工龄，与所在单位工作年限累计计算，享受国家和所在单位规定的与工龄有关的相应待遇
   B. 退役士兵弄虚作假骗取安置待遇的，由安置地人民政府退役士兵安置工作主管部门取消相关安置待遇
   C. 退役士兵安置工作主管部门应当于退役士兵报到时为其开具落户介绍信。公安机关凭退役士兵安置工作主管部门开具的落户介绍信，为退役士兵办理户口登记
   D. 自主就业的退役士兵应当自被批准退出现役之日起 15 日内，持退出现役证件、介绍信到安置地县级人民政府退役士兵安置工作主管部门报到

4. 关于退役士兵的安置待遇，下列哪些说法是正确的？（　　）
   A. 安置地县级以上人民政府退役士兵安置工作主管部门负责接收退役士兵
   B. 县级以上地方人民政府退役士兵安置工作主管部门应当组织自主就业的退役士兵参加职业教育和技能培训，经考试考核合格的，发给相应的学历证书、职业资格证书并推荐就业
   C. 对从事个体经营的退役士兵，按照国家规定给予税收优惠，给予小额担保贷款扶持，从事微利项目的给予财政贴息
   D. 自主就业的退役士兵入伍前通过家庭承包方式承包的农村土地被依法征收、征用或者占用的，与其他农村集体经济组织成员享有同等权利
5. 关于退役士兵就业待遇，下列哪些做法是正确的？（　　）
   A. 除国家限制行业外，自其在工商行政管理部门首次注册登记之日起1年内，免收管理类、登记类和证照类的行政事业性收费
   B. 自主就业的退役士兵回入伍时户口所在地落户，属于农村集体经济组织成员但没有承包农村土地的，可以申请承包农村土地，村民委员会或者村民小组应当优先解决
   C. 有劳动能力的残疾退役士兵，优先享受国家规定的残疾人就业优惠政策
   D. 安置地县级以上地方人民政府应当按照属地管理的原则，对符合安排工作条件的退役士兵进行安置，保障其第一次就业

（四）填空题

1. 对自主就业的退役士兵，由部队发给一次性退役金，一次性退役金由____专项安排；地方人民政府可以根据当地实际情况给予____，经济补助标准及发放办法由省、自治区、直辖市人民政府规定。
2. 各级人民政府举办的公共就业人才服务机构，应当免费为退役士兵提供____，____，____服务。
3. 对从事个体经营的退役士兵，按照国家规定给予____，给予小额担保贷款扶持，从事微利项目的给予____。
4. 国家鼓励用人单位招收录用或者聘用____的退役士兵，用人单位招收录用或者聘用自主就业退役士兵符合规定条件的，依法享受____等优惠。
5. 安置地县级以上地方人民政府应当按照____的原则，对符合安排工作条件

件的退役士兵____，保障其第一次就业。

（五）简答题

1. 退役士兵符合哪些条件之一的，由人民政府安排工作？
2. 中级以上士官符合哪些条件之一的，作退休安置？
3. 接收安置退役士兵的单位违反《退役士兵安置条例》的规定，有哪些情形之一的，由当地人民政府退役士兵安置工作主管部门责令限期改正？
4. 退役士兵有哪些情形之一的，可以易地安置？
5. 退役士兵有哪些情形之一的，根据本人申请，可以由省级以上人民政府退役士兵安置工作主管部门按照有利于退役士兵生活的原则确定其安置地？

参考答案

（一）判断题

1. √，解析：《退役士兵安置条例》第 1 条。
2. ×，解析：《退役士兵安置条例》第 2 条规定，本条例所称退役士兵，是指依照《中国人民解放军现役士兵服役条例》的规定退出现役的义务兵和士官。
3. ×，解析：《退役士兵安置条例》第 3 条规定，国家建立以扶持就业为主，自主就业、安排工作、退休、供养等多种方式相结合的退役士兵安置制度，妥善安置退役士兵。

   退役士兵安置所需经费，由中央和地方各级人民政府共同负担。
4. √，解析：《退役士兵安置条例》第 4 条。
5. √，解析：《退役士兵安置条例》第 5 条。

（二）单选题

1. C，解析：《退役士兵安置条例》第 9 条规定，退役士兵所在部队应当依照本条例的规定，将退役士兵移交安置地县级以上人民政府退役士兵安置工作主管部门。安置地县级以上人民政府退役士兵安置工作主管部门负责接收退役士兵。《退役士兵安置条例》第 10 条规定，退役士兵安置地为退役士兵入伍时的户口所在地。但是，入伍时是普通高等学校在校学生的退役士兵，退出现役后不复学的，其安置地为入学前的户口所在地。《退役士兵安置条例》

第 13 条规定，自主就业的退役士兵应当自被批准退出现役之日起 30 日内，持退出现役证件、介绍信到安置地县级人民政府退役士兵安置工作主管部门报到。安排工作的退役士兵应当在规定的时间内，持接收安置通知书、退出现役证件和介绍信到规定的安置地人民政府退役士兵安置工作主管部门报到。退休、供养的退役士兵应当到规定的安置地人民政府退役士兵安置工作主管部门报到。《退役士兵安置条例》第 16 条规定，退役士兵发生与服役有关的问题，由其原部队负责处理；发生与安置有关的问题，由安置地人民政府负责处理。

2. B，解析：《退役士兵安置条例》第 17 条规定，退役士兵无正当理由不按照规定时间报到超过 30 天的，视为放弃安置待遇。《退役士兵安置条例》第 18 条规定，义务兵和服现役不满 12 年的士官退出现役的，由人民政府扶持自主就业。《退役士兵安置条例》第 23 条规定，对从事个体经营的退役士兵，按照国家规定给予税收优惠，给予小额担保贷款扶持，从事微利项目的给予财政贴息。除国家限制行业外，自其在工商行政管理部门首次注册登记之日起 3 年内，免收管理类、登记类和证照类的行政事业性收费。《退役士兵安置条例》第 24 条规定，国家鼓励用人单位招收录用或者聘用自主就业的退役士兵，用人单位招收录用或者聘用自主就业退役士兵符合规定条件的，依法享受税收等优惠。

3. D，解析：《退役士兵安置条例》第 27 条规定，有劳动能力的残疾退役士兵，优先享受国家规定的残疾人就业优惠政策。《退役士兵安置条例》第 28 条规定，自主就业的退役士兵进入中等职业学校学习、报考成人高等学校或者普通高等学校的，按照国家有关规定享受优待。入伍前已被普通高等学校录取并保留入学资格或者正在普通高等学校就学的退役士兵，退出现役后 2 年内允许入学或者复学，并按照国家有关规定享受奖学金、助学金和减免学费等优待，家庭经济困难的，按照国家有关规定给予资助；入学后或者复学期间可以免修公共体育、军事技能和军事理论等课程，直接获得学分；入学或者复学后参加国防生选拔、参加国家组织的农村基层服务项目人选选拔，以及毕业后参加军官人选选拔的，优先录取。《退役士兵安置条例》第 33 条规定，安置地县级以上地方人民政府应当按照属地管理的原则，对符合安排工作条件的退役士兵进行安置，保障其第一次就业。《退役士兵安置条例》第 42 条规定，被评定为 1 级至 4 级残疾等级的义务兵和初级士官退出现役的，由国家供养终身。国家供养的残疾退役士兵，其生活、住房、医疗等保障，按照国家有关规定执行。国家供养分为集中供养和分散供养。分散供养的残疾退役士兵购（建）房所需经费的标准，按照安置地县（市）经济适用住房平均价格和60平方米的建筑面积确定；没有经济适用住房的地区按照普通商品住房价格确定。购（建）房所需经费由中央财政专项安排，不足部分由地方财政解决。购（建）房屋产权归分散供养的残疾退役士兵所有。分散供养的残疾退役士兵自行解决住房的，按照上述标准将购（建）房费用发给本人。

4. C，解析：《退役士兵安置条例》第40条规定，符合安排工作条件的退役士兵无正当理由拒不服从安置地人民政府安排工作的，视为放弃安排工作待遇；在待安排工作期间被依法追究刑事责任的，取消其安排工作待遇。《退役士兵安置条例》第45条规定，军队的军人保险管理部门与地方的社会保险经办机构，应当按照国家有关规定为退役士兵办理保险关系转移接续手续。对自主就业的退役士兵，凭退役士兵安置工作主管部门出具的介绍信，由社会保险经办机构按照国家有关规定办理保险关系接续手续。对安排工作的退役士兵，由接收单位按照国家有关规定办理保险关系接续手续。《退役士兵安置条例》第48条规定，退役士兵就业应当随所在单位参加失业保险，其服现役年限视同失业保险缴费年限，并与实际缴费年限合并计算。参加失业保险的退役士兵失业，并符合《失业保险条例》规定条件的，按照规定享受失业保险待遇和相应的促进再就业服务。《退役士兵安置条例》第51条规定，退役士兵弄虚作假骗取安置待遇的，由安置地人民政府退役士兵安置工作主管部门取消相关安置待遇。

5. D，解析：《退役士兵安置条例》第3条规定，国家建立以扶持就业为主，自主就业、安排工作、退休、供养等多种方式相结合的退役士兵安置制度，妥善安置退役士兵。退役士兵安置所需经费，由中央和地方各级人民政府共同负担。《退役士兵安置条例》第5条规定，国务院退役士兵安置工作主管部门负责全国的退役士兵安置工作。县级以上地方人民政府退役士兵安置工作主管部门负责本行政区域的退役士兵安置工作。人民政府有关部门和军队有关部门应当在各自职责范围内做好退役士兵安置工作。《退役士兵安置条例》第8条规定，国务院退役士兵安置工作主管部门和中国人民解放军总参谋部应当制定全国退役士兵的年度移交、接收计划。《退役士兵安置条例》第10条规定，退役士兵安置地为退役士兵入伍时的户口所在地。但是，入伍时是普通高等学校在校学生的退役士兵，退出现役后不复学的，其安置地为入学前的户口所在地。

（三）多选题

1. ABCD，解析：《退役士兵安置条例》第 16 条规定，退役士兵发生与服役有关的问题，由其原部队负责处理；发生与安置有关的问题，由安置地人民政府负责处理。《退役士兵安置条例》第 18 条规定，义务兵和服现役不满 12 年的士官退出现役的，由人民政府扶持自主就业。《退役士兵安置条例》第 20 条规定，国家根据国民经济发展水平、全国职工年平均工资收入和军人职业特殊性等因素确定退役金标准，并适时调整。国务院退役士兵安置工作主管部门、军队有关部门会同国务院财政部门负责确定和调整退役金标准的具体工作。自主就业的退役士兵根据服现役年限领取一次性退役金。服现役年限不满 6 个月的按照 6 个月计算，超过 6 个月不满 1 年的按照 1 年计算。获得荣誉称号或者立功的退役士兵，由部队按照下列比例增发一次性退役金：（1）获得中央军事委员会、军队军区级单位授予荣誉称号，或者荣获一等功的，增发 15%；（2）荣获二等功的，增发 10%；（3）荣获三等功的，增发 5%。多次获得荣誉称号或者立功的退役士兵，由部队按照其中最高等级奖励的增发比例，增发一次性退役金。《退役士兵安置条例》第 22 条规定，各级人民政府举办的公共就业人才服务机构，应当免费为退役士兵提供档案管理、职业介绍和职业指导服务。国家鼓励其他人力资源服务机构为自主就业的退役士兵提供免费服务。
2. ACD，解析：《退役士兵安置条例》第 25 条规定，自主就业的退役士兵入伍前是国家机关、社会团体、企业事业单位工作人员或者职工的，退出现役后可以选择复职复工，其工资、福利和其他待遇不得低于本单位同等条件人员的平均水平。《退役士兵安置条例》第 35 条规定，安置地人民政府应当在接收退役士兵的 6 个月内，完成本年度安排退役士兵工作的任务。退役士兵待安排工作期间，安置地人民政府应当按照不低于当地最低生活水平的标准，按月发给生活补助费。《退役士兵安置条例》第 36 条规定，承担安排退役士兵工作任务的单位应当按时完成所在地人民政府下达的安排退役士兵工作任务，在退役士兵安置工作主管部门开出介绍信 1 个月内安排退役士兵上岗，并与退役士兵依法签订期限不少于 3 年的劳动合同或者聘用合同。合同存续期内单位依法关闭、破产、改制的，退役士兵与所在单位其他人员一同执行国家的有关规定。接收退役士兵的单位裁减人员的，应当优先留用退役士兵。

《退役士兵安置条例》第 37 条规定，由人民政府安排工作的退役士兵，服现役年限和符合本条例规定的待安排工作时间计算为工龄，享受所在单位同等条件人员的工资、福利待遇。

3. ABC，解析：《退役士兵安置条例》第 44 条规定，退役士兵服现役年限计算为工龄，与所在单位工作年限累计计算，享受国家和所在单位规定的与工龄有关的相应待遇。《退役士兵安置条例》第 51 条规定，退役士兵弄虚作假骗取安置待遇的，由安置地人民政府退役士兵安置工作主管部门取消相关安置待遇。《退役士兵安置条例》第 14 条规定，退役士兵所在部队应当按照国家档案管理的有关规定，在士兵退役时将其档案及时移交安置地县级以上人民政府退役士兵安置工作主管部门。退役士兵安置工作主管部门应当于退役士兵报到时为其开具落户介绍信。公安机关凭退役士兵安置工作主管部门开具的落户介绍信，为退役士兵办理户口登记。《退役士兵安置条例》第 13 条规定，自主就业的退役士兵应当自被批准退出现役之日起 30 日内，持退出现役证件、介绍信到安置地县级人民政府退役士兵安置工作主管部门报到。安排工作的退役士兵应当在规定的时间内，持接收安置通知书、退出现役证件和介绍信到规定的安置地人民政府退役士兵安置工作主管部门报到。退休、供养的退役士兵应当到规定的安置地人民政府退役士兵安置工作主管部门报到。

4. ABCD，解析：《退役士兵安置条例》第 9 条规定，退役士兵所在部队应当依照本条例的规定，将退役士兵移交安置地县级以上人民政府退役士兵安置工作主管部门。安置地县级以上人民政府退役士兵安置工作主管部门负责接收退役士兵。《退役士兵安置条例》第 21 条规定，县级以上地方人民政府退役士兵安置工作主管部门应当组织自主就业的退役士兵参加职业教育和技能培训，经考试考核合格的，发给相应的学历证书、职业资格证书并推荐就业。退役士兵退役 1 年内参加职业教育和技能培训的，费用由县级以上人民政府承担；退役士兵退役 1 年以上参加职业教育和技能培训的，按照国家相关政策执行。自主就业退役士兵的职业教育和技能培训经费列入县级以上人民政府财政预算。《退役士兵安置条例》第 23 条规定，对从事个体经营的退役士兵，按照国家规定给予税收优惠，给予小额担保贷款扶持，从事微利项目的给予财政贴息。除国家限制行业外，自其在工商行政管理部门首次注册登记之日起 3 年内，免收管理类、登记类和证照类的行政事业性收费。《退役士兵安置条例》第 26 条规定，自主就业的退役士兵入伍前通过家庭承包方式承包的农村土地，承包期内不得违法收回或者强制流转；通过招标、拍卖、公开协商等非家庭承包方式承包的农村土地，承包期内其家庭成员可以继续承包；承包的农村土地被依法征收、征用或者占用的，与其他农村集体经济组织成员享有同等权利。自主就业的退役士兵回入伍时户口所在地落户，属于农村集体经济组织成员但没有承包农村土地的，可以申请承包农村土地，村民委员会或者村民小组应当优先解决。

5. BCD，解析：《退役士兵安置条例》第 23 条规定，对从事个体经营的退役士兵，按照国家规定给予税收优惠，给予小额担保贷款扶持，从事微利项目的给予财政贴息。除国家限制行业外，自其在工商行政管理部门首次注册登记之日起 3 年内，免收管理类、登记类和证照类的行政事业性收费。《退役士兵安置条例》第 26 条规定，自主就业的退役士兵入伍前通过家庭承包方式承包的农村土地，承包期内不得违法收回或者强制流转；通过招标、拍卖、公开协商等非家庭承包方式承包的农村土地，承包期内其家庭成员可以继续承包；承包的农村土地被依法征收、征用或者占用的，与其他农村集体经济组织成员享有同等权利。自主就业的退役士兵回入伍时户口所在地落户，属于农村集体经济组织成员但没有承包农村土地的，可以申请承包农村土地，村民委员会或者村民小组应当优先解决。《退役士兵安置条例》第 27 条规定，有劳动能力的残疾退役士兵，优先享受国家规定的残疾人就业优惠政策。《退役士兵安置条例》第 33 条规定，安置地县级以上地方人民政府应当按照属地管理的原则，对符合安排工作条件的退役士兵进行安置，保障其第一次就业。

（四）填空题

1. 中央财政；经济补助。（《退役士兵安置条例》第 19 条）
2. 档案管理；职业介绍；职业指导服务。（《退役士兵安置条例》第 22 条）
3. 税收优惠；财政贴息。（《退役士兵安置条例》第 23 条）
4. 自主就业；税收。（《退役士兵安置条例》第 24 条）
5. 属地管理；进行安置。（《退役士兵安置条例》第 33 条）

（五）简答题

1. 答：《退役士兵安置条例》第 29 条规定："退役士兵符合下列条件之一的，由人民政府安排工作：（一）士官服现役满 12 年的；（二）服现役期间平时荣获二等功以上奖励或者战时荣获三等功以上奖励的；（三）因战致残被评定为 5 级至 8 级残疾等级的；（四）是烈士子女的。符合前款规定条件的退役士兵在艰苦地区和特殊岗位服现役的，优先安排工作；因精神障碍基本丧失工作能力的，予以妥善安置。符合安排工作条件的退役士兵，退役时自愿选择自主就业的，依照本条例第三章第一节的规定办理。”

2. 答：《退役士兵安置条例》第 41 条规定：“中级以上士官符合下列条件之一的，作退休安置：（一）年满 55 周岁的；（二）服现役满 30 年的；（三）因战、因公致残被评定为 1 级至 6 级残疾等级的；（四）经军队医院证明和军级以上单位卫生部门审核确认因病基本丧失工作能力的。退休的退役士官，其生活、住房、医疗等保障，按照国家有关规定执行。中级以上士官因战致残被评定为 5 级至 6 级残疾等级，本人自愿放弃退休安置选择由人民政府安排工作的，可以依照本条例第三章第二节的规定办理。”

3. 答：《退役士兵安置条例》第 50 条规定：“接收安置退役士兵的单位违反本条例的规定，有下列情形之一的，由当地人民政府退役士兵安置工作主管部门责令限期改正；逾期不改的，对国家机关、社会团体、事业单位主要负责人和直接责任人员依法给予处分，对企业按照涉及退役士兵人数乘以当地上年度城镇职工平均工资 10 倍的金额处以罚款，并对接收单位及其主要负责人予以通报批评：（一）拒绝或者无故拖延执行人民政府下达的安排退役士兵工作任务的；（二）未依法与退役士兵签订劳动合同、聘用合同的；（三）与残疾退役士兵解除劳动关系或者人事关系的。”

4. 答：《退役士兵安置条例》第 11 条规定：“退役士兵有下列情形之一的，可以易地安置：（一）服现役期间父母户口所在地变更的，可以在父母现户口所在地安置；（二）符合军队有关现役士兵结婚规定且结婚满 2 年的，可以在配偶或者配偶父母户口所在地安置；（三）因其他特殊情况，由部队师（旅）级单位出具证明，经省级以上人民政府退役士兵安置工作主管部门批准易地安置的。易地安置的退役士兵享受与安置地退役士兵同等安置待遇。”

5. 答：《退役士兵安置条例》第 12 条规定：“退役士兵有下列情形之一的，根据本人申请，可以由省级以上人民政府退役士兵安置工作主管部门按照有利于退役士兵生活的原则确定其安置地：（一）因战致残的；（二）服现役期间平时荣获二等功以上奖励或者战时荣获三等功以上奖励的；（三）是烈士子女的；（四）父母双亡的。”

十二、军人抚恤优待条例

（一）判断题

1. 为了保障国家对军人的抚恤优待，激励军人保卫祖国、建设祖国的献身精神，加强国防和军队建设，根据《国防法》、《兵役法》等有关法律，制定《军人抚恤优待条例》。(　　)
2. 中国人民解放军现役军人（以下简称现役军人）、服现役或者退出现役的残疾军人以及复员军人、退伍军人、烈士遗属、因公牺牲军人遗属、病故军人遗属、现役军人家属，是本条例规定的抚恤优待对象，依照本条例的规定享受抚恤优待。(　　)
3. 国家鼓励社会组织和个人对军人抚恤优待事业提供捐助。(　　)
4. 军人抚恤优待所需经费由国务院和地方各级人民政府平均负担。(　　)
5. 国家机关、社会团体、企业事业单位应当依法履行各自的军人抚恤优待责任和义务。(　　)
6. 县级以上人民政府对在军人抚恤优待工作中作出显著成绩的单位和个人，给予表彰和奖励。(　　)
7. 现役军人死亡被批准为烈士的，依照《烈士褒扬条例》的规定发给烈士遗属烈士褒扬金。(　　)
8. 一次性抚恤金发给烈士、因公牺牲军人、病故军人的父母（抚养人）、配偶、子女。(　　)

（二）单选题

1. 关于军人的抚恤金，下列哪一说法是错误的？(　　)

A. 对生前作出特殊贡献的烈士、因公牺牲军人、病故军人，除按照本条例规定发给其遗属一次性抚恤金外，军队可以按照有关规定发给其遗属一次性特别抚恤金

B. 定期抚恤金标准应当参照全国城乡居民家庭人均收入水平确定。定期

抚恤金的标准及其调整办法，由国务院退役军人事务部门会同国务院财政部门规定

C. 享受定期抚恤金的烈士遗属、因公牺牲军人遗属、病故军人遗属死亡的，增发 8 个月其原享受的定期抚恤金，作为丧葬补助费，同时注销其领取定期抚恤金的证件

D. 现役军人残疾被认定为因战致残、因公致残或者因病致残的，依照本条例的规定享受抚恤

2. 根据《军人抚恤优待条例》，下列哪一说法是错误的？（　　）

A. 退出现役的残疾军人，按照残疾等级享受残疾抚恤金。残疾抚恤金由县级人民政府退役军人事务部门发给

B. 残疾军人的抚恤金标准应当参照全国职工平均工资水平确定。残疾抚恤金的标准以及 1 级至 10 级残疾军人享受残疾抚恤金的具体办法，由国务院退役军人事务部门会同国务院财政部门规定

C. 烈士遗属依照《烈士褒扬条例》的规定享受优待

D. 现役军人凭有效证件、残疾军人凭《残疾军人证》优先购票乘坐境内运行的火车、轮船、长途公共汽车以及民航班机；残疾军人享受免票的优待

3. 关于军人的抚恤优待制度，下列哪一说法是错误的？（　　）

A. 现役军人、残疾军人凭有效证件参观游览公园、博物馆、名胜古迹享受优待，具体办法由公园、博物馆、名胜古迹管理单位所在地的县级以上地方人民政府规定

B. 因公牺牲军人、病故军人的子女、兄弟姐妹，本人自愿应征并且符合征兵条件的，优先批准服现役

C. 义务兵和初级士官退出现役后，报考国家公务员、高等学校和中等职业学校，优先录取

D. 居住农村的抚恤优待对象住房有困难的，由地方人民政府帮助解决。具体办法由省、自治区、直辖市人民政府规定

4. 下列选项中，哪一项不符合《军人抚恤优待条例》的规定？（　　）

A. 复员军人生活困难的，按照规定的条件，由当地人民政府退役军人事务部门给予定期定量补助，逐步改善其生活条件

B. 因战、因公致残，残疾等级被评定为一级至十级的，享受抚恤；因病致残，残疾等级被评定为一级至五级的，享受抚恤

C. 国家兴办优抚医院、光荣院，治疗或者集中供养孤老和生活不能自理的抚恤优待对象

D. 本条例适用于中国人民武装警察部队

5. 关于军人应享有的优待抚恤，下列哪一说法是错误的？(　　)

A. 在国家机关、社会团体、企业事业单位工作的残疾军人，享受与所在单位工伤人员同等的生活福利和医疗待遇

B. 现役军人凭有效证件乘坐市内公共汽车、电车和轨道交通工具享受优待，具体办法由有关城市人民政府规定

C. 现役军人、残疾军人凭有效证件参观游览公园、博物馆、名胜古迹享受优待，具体办法由公园、博物馆、名胜古迹管理单位所在地的县级以上地方人民政府规定

D. 县级以上地方人民政府对依靠定期抚恤金生活仍有困难的烈士遗属、因公牺牲军人遗属、病故军人遗属，可以增发抚恤金或者采取其他方式予以补助，保障其生活不低于全国的平均生活水平

6. 关于军人享有的医疗优待，下列哪一说法是错误的？(　　)

A. 退出现役的 1 级至 3 级残疾军人，由国家供养终身；其中，对需要长年医疗或者独身一人不便分散安置的，经省级人民政府退役军人事务部门批准，可以集中供养

B. 残疾军人需要配制假肢、代步三轮车等辅助器械，正在服现役的，由军队军级以上单位负责解决；退出现役的，由省级人民政府退役军人事务部门负责解决

C. 中央财政对抚恤优待对象人数较多的困难地区给予适当补助，用于帮助解决抚恤优待对象的医疗费用困难问题

D. 残疾军人、复员军人、带病回乡退伍军人以及因公牺牲军人遗属、病故军人遗属享受医疗优惠待遇。具体办法由省、自治区、直辖市人民政府规定

7. 现役军人失踪，经法定程序宣告死亡的，在其被批准为烈士、确认为因公牺牲或者病故后，又经法定程序撤销对其死亡宣告的，由原批准或者

确认机关（　　）其烈士、因公牺牲军人或者病故军人资格，并由发证机关收回有关证件，（　　）其家属原享受的抚恤待遇。

A. 中止；中止　　B. 取消；中止

C. 取消；终止　　D. 终止；终止

8. 现役军人死亡，根据其死亡性质和死亡时的月工资标准，由县级人民政府退役军人事务部门发给其遗属一次性抚恤金，标准是：烈士和因公牺牲的，为上一年度全国城镇居民人均可支配收入的（　　）倍加本人（　　）个月的工资。

A. 2；40　　B. 20；4

C. 20；40　　D. 20；20

（三）多选题

1. 关于军人享有的优待，下列哪些说法是正确的？（　　）

A. 因公牺牲军人、病故军人的子女、兄弟姐妹，本人自愿应征并且符合征兵条件的，优先批准服现役

B. 驻边疆国境的县（市）、沙漠区、国家确定的边远地区中的三类地区和军队确定的特、一、二类岛屿部队的现役军官、文职干部、士官，其符合随军条件无法随军的家属，所在地人民政府应当妥善安置，保障其生活不低于当地的平均生活水平

C. 随军的烈士遗属、因公牺牲军人遗属和病故军人遗属移交地方人民政府安置的，享受本条例和当地人民政府规定的抚恤优待

D. 本条例所称的复员军人，是指在 1954 年 10 月 1 日之前入伍、后经批准从部队复员的人员

2. 根据《军人抚恤优待条例》，下列哪些说法是正确的？（　　）

A. 全社会应当关怀、尊重抚恤优待对象，开展各种形式的拥军优属活动

B. 军人抚恤优待所需经费由国务院和地方各级人民政府分级负担。中央和地方财政安排的军人抚恤优待经费，专款专用，并接受财政、审计部门的监督

C. 国务院退役军人事务部门主管全国的军人抚恤优待工作；县级以上地方人民政府退役军人事务部门主管本行政区域内的军人抚恤优待工作

D. 现役军人死亡被批准为烈士、被确认为因公牺牲或者病故的，其遗属依照本条例的规定享受抚恤

3. 关于残疾军人与义务兵的待遇，下列哪些说法是正确的？（　　）

A. 残疾的等级，根据劳动功能障碍程度和生活自理障碍程度确定，由重到轻分为 10 级至 1 级

B. 因工作需要继续服现役的残疾军人，经军队军级以上单位批准，由所在部队按照规定发给残疾抚恤金

C. 退出现役的 1 级至 4 级残疾军人，由国家供养终身；其中，对需要长年医疗或者独身一人不便分散安置的，经省级人民政府退役军人事务部门批准，可以集中供养

D. 义务兵从部队发出的平信，免费邮递

4. 关于现役军人，下列哪些说法是正确的？（　　）

A. 各级人民政府对在军人抚恤优待工作中作出显著成绩的单位和个人，给予表彰和奖励

B. 现役军人死亡被批准为烈士、被确认为因公牺牲或者病故的，其遗属依照本条例的规定享受抚恤

C. 现役军人非执行任务死亡或者失踪，经法定程序宣告死亡的，按照病故对待

D. 现役军人残疾被认定为因战致残、因公致残或者因病致残的，依照本条例的规定享受抚恤

5. 现役军人死亡，符合下列哪些情形之一的，批准为烈士？（　　）

A. 对敌作战死亡，或者对敌作战负伤在医疗终结前因伤死亡的

B. 因执行任务遭敌人或者犯罪分子杀害，或者被俘、被捕后不屈遭敌人杀害或者被折磨致死的

C. 因执行军事演习、战备航行飞行、空降和导弹发射训练、试航试飞任务以及参加武器装备科研试验死亡的

D. 在执行外交任务或者国家派遣的对外援助、维持国际和平任务中牺牲的

6. 现役军人在执行（　　）以外的其他任务中失踪，经法定程序宣告死亡的，按照因公牺牲对待。

A. 对敌作战　　B. 边海防执勤

C. 抢险　　D. 救灾

7. 对符合下列哪些条件之一的烈士遗属、因公牺牲军人遗属、病故军人遗属，发给定期抚恤金？（　　）

A. 父母（抚养人）、配偶收入水平低于当地居民平均生活水平的

B. 父母（抚养人）、配偶无劳动能力、无生活费来源的

C. 子女未满 18 周岁或者已满 18 周岁但因上学或者残疾无生活费来源的

D. 兄弟姐妹未满 18 周岁或者已满 18 周岁但因上学无生活费来源且由该军人生前供养的

8. 县级以上地方人民政府对依靠定期抚恤金生活仍有困难的（　　），可以增发抚恤金或者采取其他方式予以补助，保障其生活不低于当地的平均生活水平。

A. 烈士遗属　　B. 因公牺牲军人遗属

C. 病故军人遗属　　D. 残疾军人

9. 抚恤优待对象有下列哪些行为之一的，由县级人民政府退役军人事务部门给予警告，限期退回非法所得；情节严重的，停止其享受的抚恤、优待；构成犯罪的，依法追究刑事责任？（　　）

A. 冒领抚恤金、优待金、补助金的

B. 虚报病情骗取医药费的

C. 出具假证明，伪造证件、印章骗取抚恤金、优待金、补助金的

D. 挥霍抚恤金、优待金、补助金的

（四）填空题

1. 军人抚恤优待所需经费由国务院和地方各级人民政府分级负担。中央和地方财政安排的军人____，____并接受财政、审计部门的监督。

2. 退出现役的残疾军人，按照____享受残疾抚恤金。残疾抚恤金由县级人民政府____发给。

3. ____、因公牺牲军人遗属和____移交地方人民政府安置的，享受本条例和当地人民政府规定的抚恤优待。

4. 对生前作出特殊贡献的____、____、____，除按照本条例规定发给其遗属

一次性抚恤金外，军队可以按照有关规定发给其遗属一次性特别抚恤金。

5. 享受定期抚恤金的烈士遗属、因公牺牲军人遗属、病故军人遗属死亡的，增发____个月其原享受的定期抚恤金，作为丧葬补助费，同时注销其领取定期抚恤金的证件。

6. 因工作需要继续服现役的残疾军人，经军队____单位批准，由所在部队按照规定发给残疾抚恤金。

（五）简答题

1. 现役军人死亡，符合哪些情形之一的，批准为烈士？
2. 现役军人死亡，符合哪些情形之一的，确认为因公牺牲？
3. 获得荣誉称号或者立功的烈士、因公牺牲军人、病故军人，其遗属在应当享受的一次性抚恤金的基础上，由县级人民政府退役军人事务部门按照怎样的比例增发一次性抚恤金？
4. 对符合哪些条件之一的烈士遗属、因公牺牲军人遗属、病故军人遗属，发给定期抚恤金？
5. 因战、因公、因病致残性质的认定和残疾等级的评定权限是什么？

参考答案

（一）判断题

1. √，解析：《军人抚恤优待条例》第 1 条。
2. √，解析：《军人抚恤优待条例》第 2 条。
3. √，解析：《军人抚恤优待条例》第 3 条。
4. ×，解析：《军人抚恤优待条例》第 4 条规定，国家和社会应当重视和加强军人抚恤优待工作。军人抚恤优待所需经费由国务院和地方各级人民政府分级负担。中央和地方财政安排的军人抚恤优待经费，专款专用，并接受财政、审计部门的监督。
5. √，解析：《军人抚恤优待条例》第 5 条。
6. ×，解析：《军人抚恤优待条例》第 6 条规定，各级人民政府对在军人抚恤优待工作中作出显著成绩的单位和个人，给予表彰和奖励。
7. √，解析：《军人抚恤优待条例》第 12 条。

8. √，解析：《军人抚恤优待条例》第 15 条。

（二）单选题

1. C，解析：《军人抚恤优待条例》第 14 条规定，对生前作出特殊贡献的烈士、因公牺牲军人、病故军人，除按照本条例规定发给其遗属一次性抚恤金外，军队可以按照有关规定发给其遗属一次性特别抚恤金。《军人抚恤优待条例》第 17 条规定，定期抚恤金标准应当参照全国城乡居民家庭人均收入水平确定。定期抚恤金的标准及其调整办法，由国务院退役军人事务部门会同国务院财政部门规定。《军人抚恤优待条例》第 19 条规定，享受定期抚恤金的烈士遗属、因公牺牲军人遗属、病故军人遗属死亡的，增发 6 个月其原享受的定期抚恤金，作为丧葬补助费，同时注销其领取定期抚恤金的证件。《军人抚恤优待条例》第 21 条规定："现役军人残疾被认定为因战致残、因公致残或者因病致残的，依照本条例的规定享受抚恤。因第八条第一款规定的情形之一导致残疾的，认定为因战致残；因第九条第一款规定的情形之一导致残疾的，认定为因公致残；义务兵和初级士官因第九条第一款第三项、第四项规定情形以外的疾病导致残疾的，认定为因病致残。"

2. D，解析：《军人抚恤优待条例》第 26 条规定，退出现役的残疾军人，按照残疾等级享受残疾抚恤金。残疾抚恤金由县级人民政府退役军人事务部门发给。因工作需要继续服现役的残疾军人，经军队军级以上单位批准，由所在部队按照规定发给残疾抚恤金。《军人抚恤优待条例》第 27 条规定，残疾军人的抚恤金标准应当参照全国职工平均工资水平确定。残疾抚恤金的标准以及一级至十级残疾军人享受残疾抚恤金的具体办法，由国务院退役军人事务部门会同国务院财政部门规定。县级以上地方人民政府对依靠残疾抚恤金生活仍有困难的残疾军人，可以增发残疾抚恤金或者采取其他方式予以补助，保障其生活不低于当地的平均生活水平。《军人抚恤优待条例》第 32 条规定，烈士遗属依照《烈士褒扬条例》的规定享受优待。《军人抚恤优待条例》第 36 条规定，现役军人凭有效证件、残疾军人凭《残疾军人证》优先购票乘坐境内运行的火车、轮船、长途公共汽车以及民航班机；残疾军人享受减收正常票价 50% 的优待。现役军人凭有效证件乘坐市内公共汽车、电车和轨道交通工具享受优待，具体办法由有关城市人民政府规定。残疾军人凭《残疾军人证》免费乘坐市内公共汽车、电车和轨道交通工具。

3. C，解析：《军人抚恤优待条例》第 37 条规定，现役军人、残疾军人凭有效证件参观游览公园、博物馆、名胜古迹享受优待，具体办法由公园、博物馆、名胜古迹管理单位所在地的县级以上地方人民政府规定。《军人抚恤优待条例》第 38 条规定，因公牺牲军人、病故军人的子女、兄弟姐妹，本人自愿应征并且符合征兵条件的，优先批准服现役。《军人抚恤优待条例》第 39 条规定，义务兵和初级士官退出现役后，报考国家公务员、高等学校和中等职业学校，在与其他考生同等条件下优先录取。残疾军人、因公牺牲军人子女、一级至四级残疾军人的子女，驻边疆国境的县（市）、沙漠区、国家确定的边远地区中的三类地区和军队确定的特、一、二类岛屿部队现役军人的子女报考普通高中、中等职业学校、高等学校，在录取时按照国家有关规定给予优待；接受学历教育的，在同等条件下优先享受国家规定的各项助学政策。现役军人子女的入学、入托，在同等条件下优先接收。具体办法由国务院退役军人事务部门会同国务院教育部门规定。《军人抚恤优待条例》第 40 条规定，残疾军人、复员军人、带病回乡退伍军人、因公牺牲军人遗属、病故军人遗属承租、购买住房依照有关规定享受优先、优惠待遇。居住农村的抚恤优待对象住房有困难的，由地方人民政府帮助解决。具体办法由省、自治区、直辖市人民政府规定。

4. B，解析：《军人抚恤优待条例》第 44 条规定，复员军人生活困难的，按照规定的条件，由当地人民政府退役军人事务部门给予定期定量补助，逐步改善其生活条件。《军人抚恤优待条例》第 23 条规定，现役军人因战、因公致残，医疗终结后符合评定残疾等级条件的，应当评定残疾等级。义务兵和初级士官因病致残符合评定残疾等级条件，本人（精神病患者由其利害关系人）提出申请的，也应当评定残疾等级。因战、因公致残，残疾等级被评定为 1 级至 10 级的，享受抚恤；因病致残，残疾等级被评定为 1 级至 6 级的，享受抚恤。《军人抚恤优待条例》第 45 条规定，国家兴办优抚医院、光荣院，治疗或者集中供养孤老和生活不能自理的抚恤优待对象。各类社会福利机构应当优先接收抚恤优待对象。《军人抚恤优待条例》第 51 条规定，本条例适用于中国人民武装警察部队。

5. D，解析：《军人抚恤优待条例》第 35 条规定，在国家机关、社会团体、企业事业单位工作的残疾军人，享受与所在单位工伤人员同等的生活福利和医疗待遇。所在单位不得因其残疾将其辞退、解聘或者解除劳动关系。《军人抚恤优待条例》第 36 条规定，役军人凭有效证件、残疾军人凭《残疾军人证》优先购票乘坐境内运行的火车、轮船、长途公共汽车以及民航班机；残疾军人享受减收正常票价 50% 的优待。现役军人凭有效证件乘坐市内公共汽车、电车和轨道交通工具享受优待，具体办法由有关城市人民政府规定。残疾军人凭《残疾军人证》免费乘坐市内公共汽车、电车和轨道交通工具。《军人抚恤优待条例》第37条规定，现役军人、残疾军人凭有效证件参观游览公园、博物馆、名胜古迹享受优待，具体办法由公园、博物馆、名胜古迹管理单位所在地的县级以上地方人民政府规定。《军人抚恤优待条例》第18条规定，县级以上地方人民政府对依靠定期抚恤金生活仍有困难的烈士遗属、因公牺牲军人遗属、病故军人遗属，可以增发抚恤金或者采取其他方式予以补助，保障其生活不低于当地的平均生活水平。

6. A，解析：《军人抚恤优待条例》第29条规定，退出现役的一级至四级残疾军人，由国家供养终身；其中，对需要长年医疗或者独身一人不便分散安置的，经省级人民政府退役军人事务部门批准，可以集中供养。《军人抚恤优待条例》第31条规定，残疾军人需要配制假肢、代步三轮车等辅助器械，正在服现役的，由军队军级以上单位负责解决；退出现役的，由省级人民政府退役军人事务部门负责解决。《军人抚恤优待条例》第34条规定，国家对一级至六级残疾军人的医疗费用按照规定予以保障，由所在医疗保险统筹地区社会保险经办机构单独列账管理。具体办法由国务院退役军人事务部门会同国务院人力资源社会保障部门、财政部门规定。7级至10级残疾军人旧伤复发的医疗费用，已经参加工伤保险的，由工伤保险基金支付，未参加工伤保险，有工作的由工作单位解决，没有工作的由当地县级以上地方人民政府负责解决；7级至10级残疾军人旧伤复发以外的医疗费用，未参加医疗保险且本人支付有困难的，由当地县级以上地方人民政府酌情给予补助。残疾军人、复员军人、带病回乡退伍军人以及因公牺牲军人遗属、病故军人遗属享受医疗优惠待遇。具体办法由省、自治区、直辖市人民政府规定。中央财政对抚恤优待对象人数较多的困难地区给予适当补助，用于帮助解决抚恤优待对象的医疗费用困难问题。

7. C，解析：《军人抚恤优待条例》第20条规定，现役军人失踪，经法定程序宣告死亡的，在其被批准为烈士、确认为因公牺牲或者病故后，又经法定程序撤销对其死亡宣告的，由原批准或者确认机关取消其烈士、因公牺牲军人或者病故军人资格，并由发证机关收回有关证件，终止其家属原享受的抚恤待遇。

8. C，解析：《军人抚恤优待条例》第13条第1款规定，现役军人死亡，根据其死亡性质和死亡时的月工资标准，由县级人民政府退役军人事务部门发给其遗属一次性抚恤金，标准是：烈士和因公牺牲的，为上一年度全国城镇居民人均可支配收入的20倍加本人40个月的工资；病故的，为上一年度全国城镇居民人均可支配收入的2倍加本人40个月的工资。月工资或者津贴低于排职少尉军官工资标准的，按照排职少尉军官工资标准计算。

（三）多选题

1. ABC，解析：《军人抚恤优待条例》第38条规定，因公牺牲军人、病故军人的子女、兄弟姐妹，本人自愿应征并且符合征兵条件的，优先批准服现役。《军人抚恤优待条例》第42条规定，驻边疆国境的县（市）、沙漠区、国家确定的边远地区中的三类地区和军队确定的特、一、二类岛屿部队的现役军官、文职干部、士官，其符合随军条件无法随军的家属，所在地人民政府应当妥善安置，保障其生活不低于当地的平均生活水平。《军人抚恤优待条例》第43条规定，随军的烈士遗属、因公牺牲军人遗属和病故军人遗属移交地方人民政府安置的，享受本条例和当地人民政府规定的抚恤优待。《军人抚恤优待条例》第53条规定，本条例所称的复员军人，是指在1954年10月31日之前入伍、后经批准从部队复员的人员；带病回乡退伍军人，是指在服现役期间患病，尚未达到评定残疾等级条件并有军队医院证明，从部队退伍的人员。

2. ABCD，解析：《军人抚恤优待条例》第3条规定，军人的抚恤优待，实行国家和社会相结合的方针，保障军人的抚恤优待与国民经济和社会发展相适应，保障抚恤优待对象的生活不低于当地的平均生活水平。全社会应当关怀、尊重抚恤优待对象，开展各种形式的拥军优属活动。国家鼓励社会组织和个人对军人抚恤优待事业提供捐助。《军人抚恤优待条例》第4条规定，国家和社会应当重视和加强军人抚恤优待工作。军人抚恤优待所需经费由国务院和地方各级人民政府分级负担。中央和地方财政安排的军人抚恤优待经费，专款专用，并接受财政、审计部门的监督。《军人抚恤优待条例》第5条规定，国务院退役军人事务部门主管全国的军人抚恤优待工作；县级以上地方人民政府退役军人事务部门主管本行政区域内的军人抚恤优待工作。国家机关、社会团体、企业事业单位应当依法履行各自的军人抚恤优待责任和义务。《军人抚恤优待条例》第7条规定，现役军人死亡被批准为烈士、被确认为因公牺牲或者病故的，其遗属依照本条例的规定享受抚恤。

3. BCD，解析：《军人抚恤优待条例》第22条规定，残疾的等级，根据劳动功能障碍程度和生活自理障碍程度确定，由重到轻分为1级至10级。残疾等级的具体评定标准由国务院退役军人事务部门、人力资源社会保障部门、卫生部门会同军队有关部门规定。《军人抚恤优待条例》第26条规定，退出现役的残疾军人，按照残疾等级享受残疾抚恤金。残疾抚恤金由县级人民政府退役军人事务部门发给。因工作需要继续服现役的残疾军人，经军队军级以上单位批准，由所在部队按照规定发给残疾抚恤金。《军人抚恤优待条例》第29条规定，退出现役的一级至四级残疾军人，由国家供养终身；其中，对需要长年医疗或者独身一人不便分散安置的，经省级人民政府退役军人事务部门批准，可以集中供养。《军人抚恤优待条例》第33条规定，义务兵服现役期间，其家庭由当地人民政府发给优待金或者给予其他优待，优待标准不低于当地平均生活水平。义务兵和初级士官入伍前是国家机关、社会团体、企业事业单位职工（含合同制人员）的，退出现役后，允许复工复职，并享受不低于本单位同岗位（工种）、同工龄职工的各项待遇；服现役期间，其家属继续享受该单位职工家属的有关福利待遇。义务兵和初级士官入伍前的承包地（山、林）等，应当保留；服现役期间，除依照国家有关规定和承包合同的约定缴纳有关税费外，免除其他负担。

义务兵从部队发出的平信，免费邮递。

4. ABCD，解析：《军人抚恤优待条例》第6条规定，各级人民政府对在军人抚恤优待工作中作出显著成绩的单位和个人，给予表彰和奖励。《军人抚恤优待条例》第7条规定，现役军人死亡被批准为烈士、被确认为因公牺牲或者病故的，其遗属依照本条例的规定享受抚恤。《军人抚恤优待条例》第10条规定："现役军人除第九条第一款第三项、第四项规定情形以外，因其他疾病死亡的，确认为病故。现役军人非执行任务死亡或者失踪，经法定程序宣告死亡的，按照病故对待。现役军人病故，由军队团级以上单位政治机关确认。"《军人抚恤优待条例》第21条规定："现役军人残疾被认定为因战致残、因公致残或者因病致残的，依照本条例的规定享受抚恤。因第八条第一款规定的情形之一导致残疾的，认定为因战致残；因第九条第一款规定的情形之一导致残疾的，认定为因公致残；义务兵和初级士官因第九条第一款第三项、第四项规定情形以外的疾病导致残疾的，认定为因病致残。"

5. ABCD，解析：《军人抚恤优待条例》第8条第1款规定："现役军人死亡，符合下列情形之一的，批准为烈士：（一）对敌作战死亡，或者对敌作战负伤在医疗终结前因伤死亡的；（二）因执行任务遭敌人或者犯罪分子杀害，或者被俘、被捕后不屈遭敌人杀害或者被折磨致死的；（三）为抢救和保护国家财产、人民生命财产或者执行反恐怖任务和处置突发事件死亡的；（四）因执行军事演习、战备航行飞行、空降和导弹发射训练、试航试飞任务以及参加武器装备科研试验死亡的；（五）在执行外交任务或者国家派遣的对外援助、维持国际和平任务中牺牲的；（六）其他死难情节特别突出，堪为楷模的。”

6. ABCD，解析：《军人抚恤优待条例》第9条第2款规定，现役军人在执行对敌作战、边海防执勤或者抢险救灾以外的其他任务中失踪，经法定程序宣告死亡的，按照因公牺牲对待。

7. ABCD，解析：《军人抚恤优待条例》第16条规定：“对符合下列条件之一的烈士遗属、因公牺牲军人遗属、病故军人遗属，发给定期抚恤金：（一）父母（抚养人）、配偶无劳动能力、无生活费来源，或者收入水平低于当地居民平均生活水平的；（二）子女未满18周岁或者已满18周岁但因上学或者残疾无生活费来源的；（三）兄弟姐妹未满18周岁或者已满18周岁但因上学无生活费来源且由该军人生前供养的。对符合享受定期抚恤金条件的遗属，由县级人民政府退役军人事务部门发给《定期抚恤金领取证》。”

8. ABC，解析：《军人抚恤优待条例》第18条规定，县级以上地方人民政府对依靠定期抚恤金生活仍有困难的烈士遗属、因公牺牲军人遗属、病故军人遗属，可以增发抚恤金或者采取其他方式予以补助，保障其生活不低于当地的平均生活水平。

9. ABC，解析：《军人抚恤优待条例》第49条规定：“抚恤优待对象有下列行为之一的，由县级人民政府退役军人事务部门给予警告，限期退回非法所得；情节严重的，停止其享受的抚恤、优待；构成犯罪的，依法追究刑事责任：（一）冒领抚恤金、优待金、补助金的；（二）虚报病情骗取医药费的；（三）出具假证明，伪造证件、印章骗取抚恤金、优待金、补助金的。”

（四）填空题

1. 抚恤优待经费；专款专用。（《军人抚恤优待条例》第4条）
2. 残疾等级；退役军人事务部门。（《军人抚恤优待条例》第26条第1款）
3. 随军的烈士遗属；病故军人遗属。（《军人抚恤优待条例》第43条）
4. 烈士；因公牺牲军人；病故军人。（《军人抚恤优待条例》第14条）
5. 6。（《军人抚恤优待条例》第19条）
6. 军级以上。（《军人抚恤优待条例》第26条第2款）

（五）简答题

1. 答：《军人抚恤优待条例》第 8 条规定："现役军人死亡，符合下列情形之一的，批准为烈士：（一）对敌作战死亡，或者对敌作战负伤在医疗终结前因伤死亡的；（二）因执行任务遭敌人或者犯罪分子杀害，或者被俘、被捕后不屈遭敌人杀害或者被折磨致死的；（三）为抢救和保护国家财产、人民生命财产或者执行反恐怖任务和处置突发事件死亡的；（四）因执行军事演习、战备航行飞行、空降和导弹发射训练、试航试飞任务以及参加武器装备科研试验死亡的；（五）在执行外交任务或者国家派遣的对外援助、维持国际和平任务中牺牲的；（六）其他死难情节特别突出，堪为楷模的。现役军人在执行对敌作战、边海防执勤或者抢险救灾任务中失踪，经法定程序宣告死亡的，按照烈士对待。批准烈士，属于因战死亡的，由军队团级以上单位政治机关批准；属于非因战死亡的，由军队军级以上单位政治机关批准；属于本条第一款第六项规定情形的，由中国人民解放军总政治部批准。"

2. 答：《军人抚恤优待条例》第 9 条规定："现役军人死亡，符合下列情形之一的，确认为因公牺牲：（一）在执行任务中或者在上下班途中，由于意外事件死亡的；（二）被认定为因战、因公致残后因旧伤复发死亡的；（三）因患职业病死亡的；（四）在执行任务中或者在工作岗位上因病猝然死亡，或者因医疗事故死亡的；（五）其他因公死亡的。现役军人在执行对敌作战、边海防执勤或者抢险救灾以外的其他任务中失踪，经法定程序宣告死亡的，按照因公牺牲对待。现役军人因公牺牲，由军队团级以上单位政治机关确认；属于本条第一款第五项规定情形的，由军队军级以上单位政治机关确认。"

3. 答：《军人抚恤优待条例》第 13 条规定："现役军人死亡，根据其死亡性质和死亡时的月工资标准，由县级人民政府退役军人事务部门发给其遗属一次性抚恤金，标准是：烈士和因公牺牲的，为上一年度全国城镇居民人均可支配收入的 20 倍加本人 40 个月的工资；病故的，为上一年度全国城镇居民人均可支配收入的 2 倍加本人 40 个月的工资。月工资或者津贴低于排职少尉军官工资标准的，按照排职少尉军官工资标准计算。获得荣誉称号或者立功的烈士、因公牺牲军人、病故军人，其遗属在应当享受的一次性抚恤金的基础上，由县级人民政府退役军人事务部门按照下列比例增发一次性抚恤金：（一）获得中央军事委员会授予荣誉称号的，增发 35%；（二）获得军队军区级单位授予荣誉称号的，增发 30%；（三）立一等功的，增发 25%；（四）立二等功的，增发 15%；（五）立三等功的，增发 5%。多次获得荣誉称号或者立功的烈士、因公牺牲军人、病故军人，其遗属由县级人民政府退役军人事务部门按照其中最高等级奖励的增发比例，增发一次性抚恤金。”

4. 答：《军人抚恤优待条例》第16条规定：“对符合下列条件之一的烈士遗属、因公牺牲军人遗属、病故军人遗属，发给定期抚恤金：（一）父母（抚养人）、配偶无劳动能力、无生活费来源，或者收入水平低于当地居民平均生活水平的；（二）子女未满18周岁或者已满18周岁但因上学或者残疾无生活费来源的；（三）兄弟姐妹未满18周岁或者已满18周岁但因上学无生活费来源且由该军人生前供养的。对符合享受定期抚恤金条件的遗属，由县级人民政府退役军人事务部门发给《定期抚恤金领取证》。”

5. 答：《军人抚恤优待条例》第24条规定：“因战、因公、因病致残性质的认定和残疾等级的评定权限是：（一）义务兵和初级士官的残疾，由军队军级以上单位卫生部门认定和评定；（二）现役军官、文职干部和中级以上士官的残疾，由军队军区级以上单位卫生部门认定和评定；（三）退出现役的军人和移交政府安置的军队离休、退休干部需要认定残疾性质和评定残疾等级的，由省级人民政府退役军人事务部门认定和评定。评定残疾等级，应当依据医疗卫生专家小组出具的残疾等级医学鉴定意见。残疾军人由认定残疾性质和评定残疾等级的机关发给《中华人民共和国残疾军人证》。”

十三、为烈属、军属和退役军人等家庭悬挂光荣牌工作实施办法

（一）判断题

1. 为做好悬挂光荣牌工作，弘扬拥军优属优良传统，营造爱国拥军、尊崇军人的浓厚社会氛围，推进军人荣誉体系建设，依据《烈士褒扬条例》、《军人抚恤优待条例》等有关法规政策，制定本办法。（　　）
2. 本办法的适用对象是烈士遗属、因公牺牲军人遗属、病故军人遗属家庭和中国人民解放军现役军人家庭、退役军人家庭。（　　）
3. 同时具备两个以上悬挂光荣牌条件的家庭，悬挂两个以上光荣牌。（　　）

（二）单选题

1. 关于光荣牌的适用对象与光荣牌的悬挂程序，下列说法错误的是：（　　）
   A. 本办法的适用对象是烈士遗属、因公牺牲军人遗属、病故军人遗属家庭和中国人民解放军现役军人家庭、退役军人家庭。
   B. 光荣牌称号统一为“光荣之家”。
   C. 退役军人事务部统一设计和规范光荣牌的样式、监督光荣牌制作，光荣牌落款为省（自治区、直辖市）人民政府、新疆生产建设兵团。
   D. 光荣牌的悬挂位置应统一，一般悬挂在其大门右侧，保证醒目、协调、庄严、得体
2. 关于光荣牌的悬挂程序，下列说法错误的是：（　　）
   A. 对于非持证的烈士、因公牺牲军人、病故军人的父母（抚养人）、配偶和子女家庭，依申请悬挂光荣牌
   B. 悬挂光荣牌工作坚持彰显荣誉、规范有序、统一负责、属地落实的原则
   C. 县级人民政府退役军人事务主管部门会同当地人民武装部门组织落实本行政区域内光荣牌的具体悬挂工作

D. 因建筑结构、材质等因素不适合悬挂的，可在客厅醒目位置摆放

（三）多选题

1. 根据《为烈属、军属和退役军人等家庭悬挂光荣牌工作实施办法》，下列哪些说法是正确的？（　　）
   A. 为做好悬挂光荣牌工作，弘扬拥军优属优良传统，营造爱国拥军、尊崇军人的浓厚社会氛围，推进军人荣誉体系建设，依据《烈士褒扬条例》、《军人抚恤优待条例》等有关法规政策，制定本办法
   B. 对于非持证的烈士、因公牺牲军人、病故军人的父母（抚养人）、配偶和子女家庭，依申请悬挂光荣牌
   C. 光荣牌称号统一为“光荣之家”
   D. 悬挂光荣牌工作坚持彰显荣誉、规范有序、统一负责、属人落实的原则
2. 关于光荣牌的申请条件、适用对象以及悬挂，下列哪些说法是正确的？（　　）
   A. 为做好悬挂光荣牌工作，弘扬拥军优属优良传统，营造爱国拥军、尊崇军人的浓厚社会氛围，推进军人荣誉体系建设，依据《烈士褒扬条例》、《军人抚恤优待条例》等有关法规政策，制定本办法
   B. 本办法的适用对象是烈士遗属、因公牺牲军人遗属、病故军人遗属家庭和中国人民解放军现役军人家庭、退役军人家庭
   C. 光荣牌称号统一为“光荣之家”
   D. 光荣牌的悬挂位置应尊重悬挂家庭的意愿，一般悬挂在其大门适当位置，保证醒目、协调、庄严、得体

（四）填空题

1. 为做好悬挂光荣牌工作，弘扬____优良传统，营造____、尊崇军人的浓厚社会氛围，推进____，依据《烈士褒扬条例》、《军人抚恤优待条例》等有关法规政策，制定本办法。
2. 光荣牌称号统一为____。
3. 悬挂光荣牌工作坚持____、____、____、____的原则。
4. 退役军人事务部统一设计和规范光荣牌的样式、监督光荣牌制作，光荣

牌落款为____、____。

（五）简答题

1. 简述《为烈属、军属和退役军人等家庭悬挂光荣牌工作实施办法》的适用对象。
2. 简述光荣牌的制作与悬挂要求。

参考答案

（一）判断题

1. √，解析：《为烈属、军属和退役军人等家庭悬挂光荣牌工作实施办法》第1条。
2. √，解析：《为烈属、军属和退役军人等家庭悬挂光荣牌工作实施办法》第2条。
3. ×，解析：《为烈属、军属和退役军人等家庭悬挂光荣牌工作实施办法》第2条规定，本办法的适用对象是烈士遗属、因公牺牲军人遗属、病故军人遗属（下列统称“三属”）家庭和中国人民解放军现役军人（下列简称现役军人）家庭、退役军人家庭。主动为持《中华人民共和国烈士证明书》、《中华人民共和国军人因公牺牲证明书》、《中华人民共和国军人病故证明书》的“三属”家庭和现役军人家庭、退役军人家庭悬挂光荣牌。对于非持证的烈士、因公牺牲军人、病故军人的父母（抚养人）、配偶和子女家庭，依申请悬挂光荣牌。

（二）单选题

1. D，解析：《为烈属、军属和退役军人等家庭悬挂光荣牌工作实施办法》第2条规定，本办法的适用对象是烈士遗属、因公牺牲军人遗属、病故军人遗属（下列统称“三属”）家庭和中国人民解放军现役军人（下列简称现役军人）家庭、退役军人家庭。主动为持《中华人民共和国烈士证明书》、《中华人民共和国军人因公牺牲证明书》、《中华人民共和国军人病故证明书》的“三属”家庭和现役军人家庭、退役军人家庭悬挂光荣牌。对于非持证的烈士、因公牺牲军人、病故军人的父母（抚养人）、配偶和子女家庭，依申请悬挂光荣牌。同时具备两个以上悬挂光荣牌条件的家庭，只悬挂一个光荣牌。《为烈属、军属和退役军人等家庭悬挂光荣牌工作实施办法》第3条规定，光荣牌称号统一为“光荣之家”。《为烈属、军属和退役军人等家庭悬挂光荣牌工作实施办法》第 5 条规定，退役军人事务部统一设计和规范光荣牌的样式、监督光荣牌制作，光荣牌落款为省（自治区、直辖市）人民政府、新疆生产建设兵团。省级人民政府退役军人事务主管部门负责本省份光荣牌的统一制作。县级人民政府退役军人事务主管部门会同当地人民武装部门组织落实本行政区域内光荣牌的具体悬挂工作。《为烈属、军属和退役军人等家庭悬挂光荣牌工作实施办法》第 6 条规定，光荣牌的悬挂位置应尊重悬挂家庭的意愿，一般悬挂在其大门适当位置，保证醒目、协调、庄严、得体。因建筑结构、材质等因素不适合悬挂的，可在客厅醒目位置摆放。

2. B，解析：《为烈属、军属和退役军人等家庭悬挂光荣牌工作实施办法》第 2 条规定，本办法的适用对象是烈士遗属、因公牺牲军人遗属、病故军人遗属（下列统称“三属”）家庭和中国人民解放军现役军人（下列简称现役军人）家庭、退役军人家庭。主动为持《中华人民共和国烈士证明书》、《中华人民共和国军人因公牺牲证明书》、《中华人民共和国军人病故证明书》的“三属”家庭和现役军人家庭、退役军人家庭悬挂光荣牌。对于非持证的烈士、因公牺牲军人、病故军人的父母（抚养人）、配偶和子女家庭，依申请悬挂光荣牌。同时具备两个以上悬挂光荣牌条件的家庭，只悬挂一个光荣牌。《为烈属、军属和退役军人等家庭悬挂光荣牌工作实施办法》第 4 条规定，悬挂光荣牌工作坚持彰显荣誉、规范有序、分级负责、属地落实的原则。《为烈属、军属和退役军人等家庭悬挂光荣牌工作实施办法》第 5 条规定，退役军人事务部统一设计和规范光荣牌的样式、监督光荣牌制作，光荣牌落款为省（自治区、直辖市）人民政府、新疆生产建设兵团。省级人民政府退役军人事务主管部门负责本省份光荣牌的统一制作。县级人民政府退役军人事务主管部门会同当地人民武装部门组织落实本行政区域内光荣牌的具体悬挂工作。《为烈属、军属和退役军人等家庭悬挂光荣牌工作实施办法》第 6 条规定，光荣牌的悬挂位置应尊重悬挂家庭的意愿，一般悬挂在其大门适当位置，保证醒目、协调、庄严、得体。因建筑结构、材质等因素不适合悬挂的，可在客厅醒目位置摆放。

（三）多选题

1. ABC，解析：《为烈属、军属和退役军人等家庭悬挂光荣牌工作实施办法》第 1 条规定，为做好悬挂光荣牌工作，弘扬拥军优属优良传统，营造爱国拥军、尊崇军人的浓厚社会氛围，推进军人荣誉体系建设，依据《烈士褒扬条例》、《军人抚恤优待条例》等有关法规政策，制定本办法。《为烈属、军属和退役军人等家庭悬挂光荣牌工作实施办法》第 2 条规定，本办法的适用对象是烈士遗属、因公牺牲军人遗属、病故军人遗属（下列统称“三属”）家庭和中国人民解放军现役军人（下列简称现役军人）家庭、退役军人家庭。主动为持《中华人民共和国烈士证明书》、《中华人民共和国军人因公牺牲证明书》、《中华人民共和国军人病故证明书》的“三属”家庭和现役军人家庭、退役军人家庭悬挂光荣牌。对于非持证的烈士、因公牺牲军人、病故军人的父母（抚养人）、配偶和子女家庭，依申请悬挂光荣牌。同时具备两个以上悬挂光荣牌条件的家庭，只悬挂一个光荣牌。《为烈属、军属和退役军人等家庭悬挂光荣牌工作实施办法》第 3 条规定，光荣牌称号统一为“光荣之家”。《为烈属、军属和退役军人等家庭悬挂光荣牌工作实施办法》第 4 条规定，悬挂光荣牌工作坚持彰显荣誉、规范有序、分级负责、属地落实的原则。

2. ABCD，解析：《为烈属、军属和退役军人等家庭悬挂光荣牌工作实施办法》第 1 条规定，为做好悬挂光荣牌工作，弘扬拥军优属优良传统，营造爱国拥军、尊崇军人的浓厚社会氛围，推进军人荣誉体系建设，依据《烈士褒扬条例》、《军人抚恤优待条例》等有关法规政策，制定本办法。《为烈属、军属和退役军人等家庭悬挂光荣牌工作实施办法》第 2 条规定，本办法的适用对象是烈士遗属、因公牺牲军人遗属、病故军人遗属（下列统称“三属”）家庭和中国人民解放军现役军人（下列简称现役军人）家庭、退役军人家庭。主动为持《中华人民共和国烈士证明书》、《中华人民共和国军人因公牺牲证明书》、《中华人民共和国军人病故证明书》的“三属”家庭和现役军人家庭、退役军人家庭悬挂光荣牌。对于非持证的烈士、因公牺牲军人、病故军人的父母（抚养人）、配偶和子女家庭，依申请悬挂光荣牌。同时具备两个以上悬挂光荣牌条件的家庭，只悬挂一个光荣牌。《为烈属、军属和退役军人等家庭悬挂光荣牌工作实施办法》第 3 条规定，光荣牌称号统一为“光荣之家”。《为烈属、军属和退役军人等家庭悬挂光荣牌工作实施办法》第 6 规定，光荣牌的悬挂位置应尊重悬挂家庭的意愿，一般悬挂在其大门适当位置，保证醒目、协调、庄严、得体。因建筑结构、材质等因素不适合悬挂的，可在客厅醒目位置摆放。

（四）填空题

1. 拥军优属；爱国拥军；军人荣誉体系建设。（《为烈属、军属和退役军人等家

庭悬挂光荣牌工作实施办法》第1条）

2. 光荣之家。（《为烈属、军属和退役军人等家庭悬挂光荣牌工作实施办法》第3条）
3. 彰显荣誉；规范有序；分级负责；属地落实。（《为烈属、军属和退役军人等家庭悬挂光荣牌工作实施办法》第4条）
4. 省（自治区、直辖市）人民政府；新疆生产建设兵团。（《为烈属、军属和退役军人等家庭悬挂光荣牌工作实施办法》第5条）

（五）简答题

1. 答：《为烈属、军属和退役军人等家庭悬挂光荣牌工作实施办法》第2条规定，本办法的适用对象是烈士遗属、因公牺牲军人遗属、病故军人遗属（下列统称“三属”）家庭和中国人民解放军现役军人（下列简称现役军人）家庭、退役军人家庭。主动为持《中华人民共和国烈士证明书》、《中华人民共和国军人因公牺牲证明书》、《中华人民共和国军人病故证明书》的“三属”家庭和现役军人家庭、退役军人家庭悬挂光荣牌。对于非持证的烈士、因公牺牲军人、病故军人的父母（抚养人）、配偶和子女家庭，依申请悬挂光荣牌。同时具备两个以上悬挂光荣牌条件的家庭，只悬挂一个光荣牌。
2. 答：《为烈属、军属和退役军人等家庭悬挂光荣牌工作实施办法》第5条规定，退役军人事务部统一设计和规范光荣牌的样式、监督光荣牌制作，光荣牌落款为省（自治区、直辖市）人民政府、新疆生产建设兵团。省级人民政府退役军人事务主管部门负责本省份光荣牌的统一制作。县级人民政府退役军人事务主管部门会同当地人民武装部门组织落实本行政区域内光荣牌的具体悬挂工作。